武术

勿使前辈之遗珍失于我手
勿使国术之精神止于我身

拳道薪传

◎ 程岩 著

程颖 整理

我跟芗老学站桩

六十年站桩养生之体悟

北京科学技术出版社

图书在版编目（CIP）数据

我跟芗老学站桩：六十年站桩养生之体悟 / 程岩著；

程颖整理. — 北京：北京科学技术出版社, 2024.9（2025.10 重印）

（拳道薪传丛书）

ISBN 978-7-5714-3559-2

Ⅰ.① 我… Ⅱ.①程… ②程… Ⅲ.①桩功(武术)—

基本知识 Ⅳ.①G852.1

中国国家版本馆CIP数据核字(2024)第020507号

策划编辑：李博伦
责任编辑：苑博洋
责任校对：贾　荣
封面设计：何　瑛
责任印制：吕　越
出 版 人：曾庆宇
出版发行：北京科学技术出版社
社　　址：北京西直门南大街 16 号
邮政编码：100035
电　　话：0086-10-66135495（总编室）　0086-10-66113227（发行部）
网　　址：www.bkydw.cn
印　　刷：北京华联印刷有限公司
开　　本：710 mm × 1000 mm　1/16
字　　数：210 千字
印　　张：22.5
版　　次：2024 年 9 月第 1 版
印　　次：2025 年 10 月第 3 次印刷
ISBN 978-7-5714-3559-2

定　　价：118.00 元

王芗斋

程志灏

编辑者言

早在两千多年前，老子《道德经》中就有"圣人抱一，独立不改，周行不殆"的记载。《黄帝内经》中更提到"上古真人"的养生之法："提挈天地，把握阴阳，呼吸精气，独立守神，肌肉若一，故能寿敝天地，无有终时。"这些都是站桩功的理论源泉。

站桩，古已有之。此法历史上多为师徒秘传，知者甚少，得其真者往往代不数人。民国时期，各派武术套路众多，普通人多无所适从。王芗斋先生有感于此，故轻形重意，去形取意，统合诸法，开站桩之方便法门，实为近代将站桩功法发扬光大的第一人。

站桩又称"立禅"，旨在通过调身、调心、调息之三调，实现身心和谐、养技合一，收祛病、养生、防身之效。

自民国至今，站桩传承已近百年。百年后的今天，站桩虽已造福万千大众，却也在传承中渐失其真。特别是近些年来，站桩蔚为风尚，在"全民站桩"的热潮之下，涌现出众多新的桩法、传人，却也隐藏着不少乱象。为了站桩能够持续、健康地传承发展，更好地造福大众，助力全民健身事业，追本溯源、回归本真显得十分必要。

程岩先生 1943 年生于北京，自幼随父程志灏先生习练意拳，并得到王芗斋先生倾心传授，多年来谨遵芗斋先生教诲，勤练不辍，保持了芗斋先生原传站桩的风貌与精神。本书记录了程岩先生多年来的亲历、亲见与亲闻，其语切切，其情耿耿，读罢掩卷，芗斋先生音容笑貌如在目前，令人无限神往。书中还蕴含着程岩先生几十年来对站桩独到深沉的思考，是其一生心血所系。对于今天的站桩者而言，如何调身、调心、调息，在一静一松中进入站桩状态，回归中道，书中的讲述大都"寓理于事"，切实而不高玄，正所谓"我欲载之空言，不如见之于行事之深切著明也"。这是一位当年的"后学"向前辈大师呈献的敬意，也是一位传承者对于站桩这一"公学"的以灯传灯。拳拳之诚，令人感佩。

编者相信，本书将成为连接传统与现代、站桩与生活的桥梁，让更多人从前辈的口传身授中获得启迪，并将站桩融入日常生活，真正受益于这一古老而神奇的功法。

序一

我是一名意拳爱好者，五十多年来各处寻师访友，有幸得到多位高手指点，见识到此拳的博大精深。程岩师兄正是其中一位极有心得的同门。我从他身上获益良多，因此一直鼓励他著书，希望他的著作能让更多拳术爱好者更好地理解王芗斋老先生的创拳理念。

意拳，是一门既年轻又古老的拳派。创始人王芗斋先生认为当时的众多拳派练习方法日渐流于表面，缺乏内涵，遂提倡放弃练习套路，通过直接传授以前不轻传的站桩功，让学生更直接地接触到拳术的高层次内容。当年培养出众多水平极高的第二代门人这一事实，足以证明芗老的决定是非常明智而且成功的。

此拳入门功夫是练习站桩，即通过引导身体进入自然协调的状态，以发挥"一动无有不动"的整体力量。但因为站桩不是简单掌握外形动作，而是要求在松静中"摸到"身体内在的变化，因此对学者的悟性有很高的要求。

此书内容丰富，对所有意拳（大成拳）爱好者而言具有极

程岩（左）与霍震寰（右）

高的实用价值、研究价值和收藏价值。程师兄是当今为数极少的、得芗老亲授拳术的传人，而且他详细地把当年跟随芗老学习的过程记录梳理，无私分享，对大家正确认识这一拳法有很大的帮助。加上王程两家关系密切，程师兄的父亲程志灏和芗老更是缘分颇深，感情甚笃。从书中介绍的芗老少为人知的生活小节，大家可以进一步了解芗老的性格为人，对他创拳的初心、拳学的精神有更深刻的理解，非常难得。

如今这部珍贵的图书得以付梓，我有幸为本书作序，实在感到非常高兴。

霍震寰

2022 年 9 月于香港

序二

意拳自王芗斋先生创立至今，人才辈出，经过近百年的发展，弟子传人遍及海内外。站桩这一功法，更是被广泛接受与传播，帮助无数爱好者实现了养生强身、技击自卫的愿望。

我因工作的关系，与不少站桩名家、传人有过交往，也接触了大量关于站桩的资料。这些资料对于后人学习站桩、理解站桩，有着很大的帮助和指导意义。但凡事都有两面。资料虽是前人经验和智慧的汇总，记录了功夫的精粹，但大多追求体系完备、逻辑严密，少了几分圆活灵动的意趣。

我与程岩先生相交多年，他的这本新作，恰恰解决了这个问题。在书中，他以追忆的形式，将王芗斋先生传授自己站桩的过程、细节和盘托出，生动再现了"我跟芗老学站桩"的真实场景，读来妙趣横生而又回味无穷。

当今时代信息爆炸，想找"武林秘籍"并不难，但想照着秘籍练出功夫则实属不易。即使书中对练功秘诀毫无保留，也只是告诉读者"练什么"，而对于"怎么练"却很少提及，至于能将师徒间的互动披露出来的，更是凤毛麟角。就如同意拳名家姚宗勋曾对程岩先生说的那样："《拳道中枢》每句话的背后，都有你师爷爷许多的事实支撑着。不知道这些事实，就不知道你师爷爷想说什么，要说什么，说的是什么。"

而这正是程岩先生这本著作的可贵之处——大量记录了他和他父亲两代人追随王芗斋先生学习站桩的往事以及自己六十年站桩养生的心得体会。从大处着眼，从细微处入手，"如是我闻"，不虚不隐，字里行间往往蕴藏着拳学妙谛。这本著作是从个体生命中流淌出的真实体验，尽可能地还原了王芗斋先生因材施教、应机设教的真实场景，方便读者举一反三，体悟前辈口传身授时"妙不可言"的身心状态，从而进入站桩的新天地。

禅宗典籍《五灯会元》载："太史山谷居士黄庭坚，惟孳孳于道，著《发愿文》，痛戒酒色。但朝粥午饭而已。往依晦堂，乞指径捷处。堂曰：'只如仲尼道，二三子以我为隐乎？吾无隐乎尔者。太史居常，如何理论？'公拟对，堂曰：'不是！不是！'公迷闷不已。一日侍堂山行次，时岩桂盛放，堂曰：'闻木犀香么？'公曰：'闻。'堂曰：'吾无隐乎尔。'公释然，即拜之。"

正所谓"满院木犀香，吾无隐乎尔"。书中真意，亦不外如是。

常学刚

2023 年 11 月于北京

序三

十多年之前，我有缘通过霍震寰先生结识了程岩师傅，经常听他讲起王芗斋先生和大成拳的故事。那个消逝的武林世界就像天边落日的余晖，壮观而寂寞。武林世界固然有武术较量、门派纷争乃至江湖恩怨，但程师傅念念不忘的是王芗斋先生"以拳悟道"的精神理念。程师傅特别强调王芗斋先生开创了特殊的"拳学"。这个"拳"不仅是武林中用拳头打人的"拳"，更是恭持善道于心的"拳拳服膺"之"拳"，即使面对武林竞技，"其争也君子"。

因此，程师傅讲站桩，方法很简单，但和学生在一起经常讨论的却是"如何理解站桩"以及"为什么站桩"这些根本问题。他反复强调一个"松"字，就是让学生在紧张与松弛之间找到舒适的中间状态。因为现代生活中人们往往太"紧"，唯有强调"松"，才能达到"中"。因此，站桩最终要将紧松、动静之间的"中"贯穿到日常生活，用程师傅的话来说，"行住坐卧都是桩"。可见站桩的根本乃是妙悟中庸之道。正如王芗斋先生所言，"拳道亦在妙悟"，"大成拳即大乘拳也，不立招式，乃透彻之悟也"。

中庸之道是中华文明之精髓，它不仅体现在政治秩序和文教秩序中，而且体现在武术、中医、书法、绘画、音乐、舞蹈乃至饮食习惯等日常生活的方方面面，构成一种完整的生活方式。近代以来，源于西方的现代文明摧毁了中华传统文明秩序，导致中华传统文明从一种完整的生活方式变成了缺乏内在有机联系的碎片，被编织到按照西方文明塑造的专业化分工的现代文明秩序中。由此，武林世界追求与西方搏击相对接，而忽略站桩及其背后的中庸之道。讲授中庸之道的学者致力于与西方哲学理念相会通，但不一定能理解程师傅所讲的"处中、守中、持中、用中"这些概念，更难有生生不息、一气流行的切身体验。可见中华文明复兴的关键是在现代社会基础上，重建中华文明要素之间的内在联系，在传统的"松"与现代的"紧"之间，重建中国人一以贯之的生活方式。

现代社会是一个高度竞争的社会。面对越来越"内卷"的"紧"，"躺平"式的"松"显然不是出路，而是要在生活中找到紧松、动静的平衡。因此，站桩理应成为现代人日常生活的一部分。如果说一定要打个比方，我们或许可以将站桩比喻为"心灵洗澡"——让身体处在放松状态，呼吸天地之气来冲洗欲望和紧张在心灵中留下的污浊。我们每天都会刷牙、洗脸或洗澡，可为什么就不能每天坚持站桩给心灵洗澡呢？我们在关心外在身体的同时，无疑更应当关心内在灵魂，现实世界往往是精神世界的外在呈现。

如今程师傅采取"如是我闻"的方式，忠实记录跟随王芗斋先生站桩的生活点滴及自己练习站桩的心得体会。这本书的出版不仅能让真正喜欢站桩和意拳（大成拳）的爱好者从中找到门径，更重要的是，能让王芗斋先生倡导的"以拳悟道""恢复人之本能活力"的精神理念进一步发扬光大，助力中华文明的伟大复兴。

强世功

2022 年 9 月 19 日于北京五道口寓所

序四

中国传统文化中有一个很特别的现象，即所谓"技进乎道"。诗词歌赋、琴棋书画、酒食香茶，虽为小技，皆可入道。自小处言之，这些技艺不过是生活日用中无关紧要的小把戏，过于沉溺会玩物丧志；但自大处言之，却与天地万物相通，高手由之可悟大道，因为其中蕴含着中国传统文化最精微、最高妙的道理。

王芗斋先生在《意拳正轨》中说："然技虽小道，殊不知学理无穷，凡学此技者，非丰神潇洒而无轻浮狂躁尘俗之气，堪与圣贤名儒雅乐相称者，不足学此技也。"拳学虽是小技，但在芗老那里，已经达到了以之悟道的境界。

吾生也晚，无由得见芗老风采，对芗老的认识大多是从程岩先生处获得的。我20多岁时已略知芗老其人其拳，当时习练站桩不得其法，进益甚微。2016年年初，从学生处得知，程岩先生在教我的朋友强世功教授和他的一些学生站桩，学生还说，程先生曾得芗老亲传。我心中颇为狐疑，芗老去世50多年了，还有芗老的弟子在世吗？后强世功亲自邀请我去参加站桩学习。于是，在一个星期日的早晨，我见到了程岩先生。
程先生是一位戴着眼镜、文质彬彬的老先生，不时给一些站桩
的学生纠正姿势。他和我见过的武林人士完全不同，像一位儒
雅的知识分子。他不急着看我站桩，而是先泡一杯茶，慢条斯
理地与我聊起来。他告诉我，他和芗老结缘，是因他父亲是芗
老弟子，而且芗老还在他家里住过好几年，他们全家男女老少
都曾受益于芗老的桩。他在很小的时候，芗老就给他摆过站桩
架子，后又于 1958 年至 1961 年跟随芗老站桩三年。因此，
虽然论辈分，他是意拳的第三代传人，但他确实得到过芗老亲
授。而且由于经历特殊，他和芗老的很多传人关系密切，非常
熟悉门内掌故，所以一聊起来就滔滔不绝。我好不容易找到一
个机会，请求他看看我站桩的情况，他乐呵呵地答应了，非常
认真地帮我调了桩架，但非常谦虚地不肯说"教"，只是说"一
起探讨"。从此之后，我就按照他所讲的要领每天站桩，周末去
请他亲自指点，站一会儿就和他聊天，听他讲门内掌故和拳理。
我的几个学生和强世功的学生也都来参与，受益不少。强世功
还安排程先生到北京大学做过活动，和北大体育部的师生进行
了交流。程先生非常谦虚，总说自己是一个"业余的站桩爱好
者"。虽然教大家站桩是倾囊相授，但他不肯以老师自居，更不
愿以此牟利。大家都叫他"程师父"，他只得勉强接受。这样持
续了两年多的时间，我基本上每周末会见程师父一次。我的身
体好了很多，从程师父那里也知道了芗老师徒的很多故事。每

次向程师父请教问题，他都会告诉我们芗老是怎么教他解决这些问题的，因而我们学得越多，对芗老就了解得越多。

作为接受过芗老亲传的意拳传人，程师父觉得他有义务将芗老的拳学传承下去。但他既不想像社会上的很多人那样开武馆，更不想把自己打造成大师，因而他的名气并不大。我们一直都想看程师父露一手，但他每次都一笑而过。只是有时候看他做按摩，因为块块肌肉圆滚饱满，很有弹性，按摩师傅在他身上难以施力。也听他家人讲过，他弟弟曾经一再央求看看他的功夫，他就在弟弟身上试了一下，结果弟弟马上感到胸口仿佛被堵住了，呼吸困难，只能蹲在地上。程师父为他按摩许久，一天之后他弟弟才完全恢复正常。从此程师父再也不在别人身上试了。他说："新中国成立前，芗老教弟子以技击为主，因为内忧外患，应有自卫的本领；但是到了和平年代，他教站桩就以养生健身为主了。虽然有很少几位弟子也学了技击，但芗老严令他们不准打人。"新中国成立初期，因为有弟子打伤过人，意拳一度名声受损，有鉴于此，芗老严格整饬门下规矩。但在芗老殁后20多年，中国武术进入市场化时代，意拳能一招致命的名声也吸引了不少人。很多传人已经不再理睬这些规矩。程师父说，芗老弟子如姚宗勋、杨德茂等先生都是严格遵守芗老所定规矩，哪怕吃点亏，也绝不用功夫打人。但随着二代弟子的凋零，像程师父这样仍然坚守拳学本色的传人，可谓少之又少了。而程师父的心愿，是更多地将芗老治病救人的桩法传承下去。至于更高深的拳学，他还像古代大师一样，"留待有缘人"。但程师父如此低调，真正有慧根的有缘人难以遇到，又怎能将芗老的站桩功发扬光大呢？

程师父希望找到一种不张扬的方式传承和推广站桩功。他怀瑾握瑜，掌握着大量有关站桩的典故和理论，又不想开馆授徒，可选择的传承方式，就是写书了。虽然我们都知道，没有老师亲传，几乎没有人可以通过读书来学拳，但一本好书毕竟能让一些相关的信息流传下去，给后人从中领悟的机会。早在初次见程师父的时候，他就说自己想写一本关于芗老和站桩的书，也给我看过一些片段。以后每次见到他，我都非常关心地问他著述的进展，他总说快了快了，但直到今年夏天，我才拿到这本书稿。

一展卷便欲罢不能，我花一整天时间读完了全书。书中很多内容，我都听程师父讲过；但如此系统且以如此优美的文字将这些内容完整呈现出来，大大增强了我继续站桩的信心。

曾听程师父的同门、以技击出名的武小南先生说："做一个打手并不难，但真正成为一位拳学家可不容易。"这正是我听程师父讲故事和读他的书获得的最大的感受。芗老教拳，并非让人好勇斗狠、战胜他人，而是教人通过拳学悟道。读程师父此书的前半部分，特别能引发这方面的思考，因为程师父笔下呈现出来的芗老，是一位有着丰富生活智慧、有血有肉的拳学家，而绝非一个打手。

芗老诙谐、乐观、率直，正所谓"丰神潇洒而无轻浮狂躁尘俗之气"，他的拳也处处透露出这一品格。书中写到芗老与姚宗勋的师生之情、对程廷华先生的怀念、对程氏全家的关怀以及最后对待疾病和死亡的态度，无不透露出一种对生命意义深刻而豁达的理解，这与他的拳学是融为一体的。书中特别谈到芗老与齐白石、徐燕荪、启功以及诸多京剧名家的交往，他们彼此之间不仅有技艺上的切磋交流，更有情趣志向上的惺惺相惜，于此更可印证"堪与圣贤名儒雅乐相称"之语。

程师父写到自己学拳的过程时，将拳学的道理糅在叙事当中，其价值不亚于任何一部意拳教科书。而此部分与前文对芗老为人的叙述相表里，将这位拳学家的形象生动地呈现出来。其中甚至还有着对芗老代表作《拳道中枢》的深度注解，这更是意拳之道的全面呈现。

芗老拳学的要害，是对"拳"字的解释："拳"即"拳拳服膺"之"拳"。程师父在书中也突出了这一点。此说应该来自清代思想家李塨释"拳拳服膺"之说："拳即李阳老拳之拳，借字妙。"《说文解字》："拳，手也。"段玉裁注："合掌指而为手。故掌指二篆厕手拳二篆之间，卷之为拳。"《诗经·巧言》："无拳无勇。"《国语·齐语》："有拳勇股肱之力。"韦昭注："人勇为拳。"《广雅》又有"拳拳，忧也，一曰爱也"之语，用例有司马迁《报任安书》"拳拳之忠"、《汉书·贡禹传》"不胜拳拳"。"不胜拳拳"，颜师古注："忠谨之意，亦作惓惓。"从文字上看，

"拳"字的两个含义应无直接关系，"拳拳"很可能是"惓惓"的通假。不过，《中庸》的"得一善，则拳拳服膺而弗失之矣"，文字上虽与此两处"拳拳"无异，但语境又略有不同。故郑玄与朱子均解"拳拳"为"奉持"，孔疏："形貌拳拳然奉持之。膺，谓胸膺，言奉持守于善道，弗敢弃失。"清人张沐解之为："手握合曰拳，拳拳者，用力握合之貌。服，著也。膺，胸间也。拳拳服膺，则手无所操而用力于心。""拳拳服膺"，似如抱拳般恭谨奉持于心，因而在"拳"的两个含义之间有所沟通。

李塈的解释属于文字学的误读，芗老意在诠释拳理，虽是将错就错，却与《中庸》之义相通，极其深刻地揭示出中国拳学的最高境界，也是他创立意拳的根本意图："拳学一道不是一拳一脚谓之拳，也不是打三携两谓之拳，更不是一套一套谓之拳，乃是拳拳服膺谓之拳。"不仅"拳拳服膺"四字，甚至整篇《中庸》思想，正是拳学之要。芗老在《拳道中枢》开篇云："拳道之大，实为民族精神之需要，国家学术之根本，人生哲学之基础，社会教育之命脉。其使命要在修正人心，抒发感情，改造生理，发挥良能，使学者神明体健，利国利群，固不专重技击一端也。若能完成其使命，则可谓之拳，否则是异端耳。"

如果练拳仅仅是一拳一脚、打三携两、一套一套，就是异端，练拳是要利己利人，利己在于人生哲学之体悟，使其能"修正人心，抒发感情，改造生理，发挥良能"，利国在于确立民族精神、学术国本，完成社会教育。练拳为什么能有这么重

大的意义？需要看芗老对拳理的进一步阐释："今夫本拳之所
重者，在精神，在意感，在自然力之修炼。统而言之，使人身
与大气相应合。分而言之，以宇宙之原则原理以为本，养成神
圆力方，形曲意直，虚实无定，锻成触觉活力之本能。以言其
体，则无为不具；以言其用，则有感即应。"

　　我以为，这正是对《中庸》精神的阐释，也是对《孟子》
"勿忘勿助"、《庄子》"得其环中"、《易传》"知几其神"的思想，
以及佛学的中脉学说的深刻理解。人身与大气应合，以宇宙原
则、原理为本，正是"天命之谓性，率性之谓道"之义，锻炼
自己的精神、意感，使之能够与天道自然相应合，并且"锻成
触觉活力之本能"，即"发挥良能"。"良知良能"为孟子语，
此处解为人体的自然本能。习拳并非获得一种超自然的力量，
而是激发出自然而然的本能，做到"有感即应"，便是《中庸》
"发而皆中节"和《易传》"知几其神"之义。芗老在教程师父
站桩时说的"甭想学好，把你那不好去掉就行了"，也是通俗
地讲清楚了这个道理。

　　书中提到，芗老在跟郭云深老先生学站桩时，郭老先生总
是看他的鞋底，鞋底如果磨痕不平整，就说明他平时走路姿势
是不正的。到后来，芗老特别注意走路要中正，布鞋无论穿多
久，整个鞋底都磨得一般平。这个故事形象地告诉我们学拳在
修身的要害：中正不倚。

　　芗老释站桩为"立稳平均之站立"，要有"头直、目正、

神庄、声静"四容和"恭、慎、意、切、和"五要，技击中"须
保持全身之均整，使之毫不偏倚"。这些抽象的道理和原则，
程师父非常精练地概括为"处中、守中、持中、用中"四个阶
段。抽象地读《中庸》，读"发而皆中节"，"君子而时中"，"执
其两端，用其中于民"，似乎"中"是一件稀松平常的事，只
要想做就能做到，甚至"中庸"是一种非常简单乃至迂腐的品
德。但芗老拳学却告诉我们，求中固然是日用常行之道，却很
不容易，想要求中只是一个开始，要长期练习才能真正做到。
所谓"道不远人"，在于它本就在我们每个人的性命自然、良
知良能中；但这种良知良能、性命自然，却并非每个人都能够
把握住；即使一时一刻把握住，却未必能在行住坐卧中随时持
守。意拳是对中庸之道极其深刻的诠释。程师父认为自己能达
到"持中"就很难了，即使是芗老，也并不认为自己已经完全
达到了"用中"的境界。

数年练习平步撑抱桩，一般只能做到"处中"，即能使自
己自然地处于稳定均整平衡的状态。处中是静态地维持"中"，
而静态并非完全静止。芗老说："大动不如小动，小动不如不
动，要知不动之动才是生生不已之动。"为什么"不动之动"
才是"生生不已之动"？这个"不动之动"并非简单的静止，
而是在"扫除万虑，默对长空"的不动时，全身气血都自然而
然地运动，身心活力充分张扬，即"生生不已之动"。书中谈
及芗老教站桩时叫弟子体会"松"和"中"的方法，我也早就

听程师父讲过："芗老叫我把手张开，张到不能再张的时候，停住，再慢慢地把张开的手掌放松，松到不能再松的时候，停住。体会张开、放松、停住时身心和手的松紧状态……芗老告诉我，张到不能再张、松到不能再松的中间状态，即是站桩所要求的放松状态。"

这不就是"执其两端而用其中"吗？早就知道站桩要松，但不知道究竟怎样才算松，也并不真正理解为什么要松。松，其实是在中道中求得的，它并不是一味求放松，因为松并非"松懈"的"松"，而是"蓬松"的"松"，不能像一团湿泥一样，毫无力量，而要像蓬松的干草一样，虽然是松的，却蕴含着力量，即"松而不懈，紧而不僵"。站桩虽然全身是放松的，但"上有绳吊系"，虚灵挺拔，头顶是紧的，周身桩架也要通过意念尽力撑开，这样全身才能真正做到有益的放松，使自然生机充分展开。就像我们常讲"顺应自然"，意思绝不是放任不管，而是撑开足够的空间，使气血能够在经络之间毫无阻滞地运行，以刺激一些病灶。站平步桩之所以可以缓解病痛，正在于此。通过平步桩体悟"处中"，也就是达到《中庸》所说"未发谓之中"的境界。平步桩之所以是众桩之母，就是因为只有做到了"处中"，才能有后面的进展。

而守中、持中、用中都是动态的"中"。芗老说松紧的第二层境界，就已经是在动态的意义上讲了。在动态中求中、求松，功力是松中有紧，柔中藏刚，虚中有实，实中有虚。

　　守中，是相对被动的，是在有外部力量侵扰时，能够守住自己的中道，使得"内缘不外溢，外缘不内侵"。芗老让程师父体会站桩时"有个蚊子要咬你怎么办"，应该正是由处中向守中推进之时。能够做到处中、守中，就可以进入技击桩的练习了。在程师父走摩擦步时，芗老也曾突然抬起程师父的一条腿，看他受不受影响，也就是看他能否做到守中。而持中，则是在运动当中时时维护自己的中；用中，是在实战当中不仅维护自己的中，还要找到对方的中且破坏它，甚至在对方未动之时先发制人，"敌不动，我先动"。在主动和被动的运动里，甚至实战交手时能维护"中"，就是"持中"，这可不像稳定站立那么简单了。情况每时每刻都在发生变化，而且经常会处在各种矛盾力的作用当中，因而"中"都是不同的，以意念来求取这个"中"，通过试力、试声、摩擦步、实战达到这个境界，即芗老经常借用庄子之语所说的"得其环中，以应无穷"或"枢得环中，以应无穷"。芗老给程师父第三次讲松紧，已经是在"枢得环中"的层次上了。这时已经不是在紧中找松，实中找虚，而是松紧不二，阴阳不二，松紧完全是混沌一体的。"枢得环中"这种境界，应该就是芗老最重要的著作《拳道中枢》命名的缘由吧。

　　以我们这样的业余站桩水平，处中或许有时能够体会，守中、持中能够理解，用中乃至"枢得环中"的境界，则只能想象了。虽不能至，心向往之。于我而言，今生已无缘成为拳学大师，但通过站桩祛病强身的同时，印证自己读的书、学的哲学，使得纸上的学问可以和性命修习相发明，已是莫大的幸运了。

芗老并没说只有通过练拳才能达到中庸，但他以练拳阐释了如何才能做到中庸。宋儒程子曾批评说："胎息之说，谓之愈疾则可，谓之道，则与圣人之学不干事，圣人未尝说着。"程子此说，未免拘执于门户之见。静坐、站桩何以能为道？并不是说练出一些功夫来就一定能悟道，而是颇似孔孟论射之义。《中庸》云："射有似乎君子，失诸正鹄，反求诸其身。"《论语》《孟子》《礼记·射义》等都以类似的道理说过射礼。作为一种技艺，射的要害就是要己身中正，否则不可能射中。孔孟以此来比喻君子修身，并不是说凡是射箭好的就一定是正心修身的君子，而是以射箭之道来理解修身正己之道。同样，练好了拳术，未必做人行事都能做到中正，但拳学求中的道理和生命哲学中的道理是相通的。不能在一定程度上做到中正，是不可能练好拳的；而即便能使身体处中、守中，乃至持中，也未必在为人处世上能做到中庸。但若要达到芗老那样挥放自如的拳学化境，不在人生哲学上达到极高境界，则是根本不可能的。孔子说："中庸之为德也，其至矣乎！"信然！

吴飞

壬寅初秋于仰昆室

自序

　　王芗斋先生，名尼宝，字芗斋（又称响斋、向斋），号宇僧，晚年自号"矛盾老人"，光绪十二年十月二十九日（1886年11月24日）出生于直隶深县（今河北省深州市）魏家林村一户普通农民家中，1963年7月12日病逝于天津市第一中心医院，享年77岁。

　　1944年，王芗斋先生58岁，这一年他著成了心血之作《拳道中枢》。《拳道中枢》的问世，标志着一个"拳法别开一面新"的"特殊拳学"在中华大地上诞生了。

　　我是一个王芗斋先生站桩功的业余爱好者。

　　自从"纪念王芗斋先生诞辰115周年"大会以来，我一直在想：王芗斋先生一生被病魔缠绕，他为什么能在民国时期开创出这个"特殊拳学"？他为什么要开创这个"特殊拳学"？这个关于拳的学问究竟"特殊"在什么地方……最近的这些年里，这些问题时常萦绕在我的心头。

　　我父母都是芗老的学生，母亲还是芗老的义女。1945年至1947年，芗老在我家居住了3年，并嘱托我父亲为他撰写自传。1958 年至 1961 年，我正处在少年时期，也曾跟随芗老学习了 3 年。这些说不清的缘分，使我对芗老的这个"特殊拳学"有了一定的了解。因此，遵照我父亲"实事求是"、朱垚葶师伯"要写'如是我闻'"、姚宗勋师伯"不要贻误后人"的教诲和要求，我不揣冒昧地把我了解的、有关芗老的一些习拳经历和我父子两代（也可以说我家四代人）跟随芗老学习站桩的经历、方法记载下来，作为资料提供给大家，以便大家更全面地了解这个"特殊拳学"，发扬中华民族的武文化。

写作本书的过程中，我曾得到霍震寰、李敏生、常学刚、强世功、吴飞等先生，姚宗勋、杨德茂、朱垚葶、赵华舫、窦世明、王玉芳等前辈，以及白金甲、魏玉柱、武小南等师兄弟的鞭策、鼓励、指导和帮助，在此致以衷心的感谢。

我业余学习站桩，加之鲁钝不文，书中舛错之处在所难免，恳望各位方家、大德予以指正，不胜感谢。

子曰："朝闻道，夕死可矣。"

此乃吾之心愿。

目录

第一章

◎

两家多年称世交

父亲跟芗老二十年的缘分，或者说是两家近半个世纪的缘分，说不完，也说不清。惟有长留心中，常常回忆、回想个中无穷的理趣和快乐。

我家与芗老家是世交。

我与芗老的缘分，源于我的家庭。这可以追溯到芗老在"武技教练所"任职期间。

1913 年，王芗斋先生 27 岁。当时我曾祖母的家人郭东初先生在北洋政府陆军部供职，常到武技教练所，遂与芗老结为忘年交。

一日，东初先生问："芗斋，你练的是什么拳？师从何人？"

芗老答："我练的是形意拳。吾师上郭下峪生，字云深。"

东初先生问："云深先生是武林耆宿，你这么年轻，怎么能成为郭老先生的高足？"

芗老答："我因患病，很小就跟随恩师练拳。"

东初先生又问："怎么你的形意拳跟他们的不一样？"

芗老说："我有站桩。"

东初先生问："什么是站桩？怎么练？"

芗老眼望天花板，一胡噜头发，顾左右而言他。

当时郭东初先生经常到我家，说些在武技教练所见到的武林名宿的奇闻逸事，尤其是王芗斋先生的事迹，所以王芗斋给我们全家留下了深刻的印象。

1918 年，芗老负笈南游，不久郭先生去世，我家与芗老失去了联系。

到了 1937 年，芗老定居北平，开始教授站桩，传播意拳，两家的缘分得以继续。

寻找王芗斋

我父亲程志灏自幼喜武，曾跟随一些武师学过太极拳、形意拳、八卦掌、炮锤，还练过石锁、射箭等。他受家庭影响，一心想拜王芗斋先生为师。

因我父亲当时年龄尚小，正在上学，曾祖母对我父亲说："等你考上大学，再说拜师的事。"

1943 年，我父亲考上了中国学院，再次表达了要拜王芗斋为师的心愿。曾祖母为践前言，多方找人打听王芗斋先生，并请人代为推荐我父亲拜师。

有一位姓刘的友人对我曾祖母说："我和芗斋是好朋友。志灏拜师的事，我跟芗斋去说，准成，三天后给您信儿。"过了一个星期，也不见刘先生回信儿。曾祖母派人打听刘先生下落，才得知刘先生是一位抗日志士，被日寇逮捕杀害了。

后来曾祖母又找到一位老先生，叫高月亭。高老先生对我曾祖母说："我是郭云深先生的递帖徒弟，小时候我和芗斋常在一起。我没练出来，现在芗斋成了人物，可是见了面，芗斋还是师兄长、师兄短地叫我，很亲热。志灏拜师的事，我明天就去跟芗斋说，准成，后天给您信儿。"

隔了一天，高老先生来家说："老太太，我跟芗斋说了，芗斋说志灏可以随时去，他住在中南海万字廊。"曾祖母请高老先生陪我父亲一起去，高老先生说："芗斋说了，志灏自己去就行，不用我陪着。"

于是曾祖母派人到永丰德南纸店（我家的店铺），叫掌柜程盈泉准备好拜师礼，陪我父亲一起到中南海万字廊拜师。

拜师芗老

第二天上午，我父亲在程盈泉的陪同下到了万字廊。屋外有位正在看报的人，程盈泉心想，这位就是王芗斋吧，于是紧走了几步，来到这人面前问："您就是王芗斋先生吧？"这人说："是。"程盈泉说："我是陪程志灏来……"话还没说完，芗老就说："知道，知道，高师兄说了，来吧，进屋。"

这时候我父亲也走到芗老面前。芗老一边往屋里走，一边看着我父亲问："你每天看报吗？"我父亲回答："每天都看。今天出来得早，还没看。"芗老说："要看，要天天看。"

进了屋，芗老让我父亲和程盈泉坐下，给两人各倒了一碗茶，然后看着我父亲说："你说说，人为什么活着？"

我父亲一听，心想：在师大附中的时候，老师就叫同学们讨论过这个问题，没有统一的答案，怎么这位教拳的王先生也提这个问题？

他正想怎么回答的时候，程盈泉说话了："这还不好说，为吃饭活着呗。"

芗老说："为吃饭活着？好，你爱吃什么，你想吃什么，我这里都有，叫你一天 24 小时不停地吃，天天如此，怎么样？"

我父亲一听，这不是抬杠吗？谁能一天 24 小时不停地吃，还天天如此？

程盈泉说："这样不就撑死了？"

芗老说："是啊，吃饭是为了活着，活着不是为了吃饭。"

程盈泉想了想，说："那人活着是为了挣钱吧。"

芗老说："是吗？我这里有很多钱，只要你数过的就是你的。叫你一天24小时不停地数，天天如此，怎么样？"

我父亲一听，心说：抬杠也没这么抬的啊。

程盈泉说："要这样，不就累死了吗？"

芗老说："是啊。可见挣钱是为了活着，活着不是为了挣钱。"

我父亲一听，心想：有道理。

程盈泉又说话了："王先生，那您说说人为什么活着啊。"

芗老说："我认为，人为快乐活着。"

我父亲一听，是啊，一个人一天24小时快乐地活着，多好啊！

就听芗老继续说："什么是快乐？只有使他人和自己都快乐才是快乐。你们看，现在希特勒占了欧洲那么多地方，他好像是快乐了，可是欧洲人民痛苦了，这不是快乐，是罪孽；欧洲人起来了，希特勒就完了。现在日本人在中国想干什么干什么，他快乐了，中国人可受罪了；日本人在中国长不了，中国人站起来把日本人赶跑了，中国人才能快乐，日本人就该痛苦了。"

我父亲一听，觉得这位王先生不像教拳的，更像一个教政治、时事的老师。

芗老看着我父亲，问："你为什么非要找我？"

我父亲一听，心说：想跟您学拳呗，还有什么"为什么"？他想了想说："您这个拳好，能健身。"

芗老说："你们学校的体育课，还有太极拳、八卦掌、形意拳什么的都能健身，你干吗非要找我呢？"

芗老结合现代体育和传统武术，讲了很长时间关于健身的问题。我父亲想，这位王先生好像不是教拳的，倒像是教心理学、医学、运动生理学的老师。说健身不行，怎么办？我父亲又想了想，觉得还得给这位王先生戴个高帽儿，就说："您这个拳厉害，能防身。"

芗老一笑，说："我这个拳没枪子儿厉害。要想防身，去买把枪，成天攥在手里就行。我这儿又不卖枪，又不卖子弹，你非找我干吗？"

我父亲心说，这位王先生不仅是抬杠的，简直是个"杠头"。健身不行，防身不对，看来拜师的事黄了一半了。

芗老问我父亲："你都练过什么？"

我父亲心说：您问，我就实话实说。于是说："学校的体育课必须上。我还练过太极拳、八卦掌、形意拳、炮锤，玩过石锁，练过开硬弓，还……"

他还没说完，就被芗老打断了，说："行了行了，别说了。一个人一辈子学一门技艺都难精通，学这么多怎么成？你知道唱戏的有个'戏包袱'吗？包袱皮一抖搂，什么角儿都会，戏台上缺什么，他都能顶上，样样都行，样样稀松，一辈子成不了角儿。我看你就是个'拳包袱'。一张白纸能画出最好的画，在一张涂得横七竖八的纸上画画儿，得先把这些道道儿擦去，就这样也还会有过去的痕迹，成不了精品。"

我父亲一听，完了，拜师的事黄了一大半了。说了这么半天，连一句拜师的话都没有，可能是碍着高先生的面子，才说这么多，说完了就把我打发走，跟高先生也算是有了交代。

芗老又问："你练了这么多，劲儿不小吧？"

我父亲想，反正拜师的事也黄了一大半了，即便不能拜师，也不能叫他小看了，就说："在附中，我不敢说第一，起码是前三名。"

芗老问："打过人吗？"

我父亲说："有一次，一个高大魁梧的同学突然从我身后抱起我，想把我摔在地上。我一扭腰，一下子把他从台阶上甩到台阶下面，他的脸都磕破了，流了不少血。"

芗老说："行啊，你能打人！来来来，你打打我。"说着起身就往外走。

我父亲心说：这叫什么事啊！您问，我说，怎么叫我打您呢？我是诚心来拜师的，不是来打老师的。

芗老已经出了屋，不跟着又不行，我父亲只好和程盈泉一起出了屋。

到了外边一处空地上，我父亲站在芗老面前，芗老说：

"来，你打我。"

我父亲看着芗老清瘦的身子，心想这要打上，把他打坏了怎么办？于是用了六七成的劲，慢慢地朝芗老前胸打去。结果拳还没接触到芗老的前胸，就被他用掌接住了。芗老说："打，就真打，再来。"于是我父亲用了九成劲，出拳也快了，结果还没碰到芗老前胸，又被芗老用掌接住了。

芗老说："没叫你给我挠痒痒！你就想我把你孩子扔井里去了，你找我拼命来了，恨不得一拳把我打碎了。来，狠狠地打。"

我父亲憋足了劲，说："好，我打了。"话出拳出，我父亲直奔芗老前胸快速打去，然后觉得脑子"嗡"的一声，就什么都不知道了。

也不知道过了多长时间，我父亲睁眼一看，自己跌坐在距芗老两三米远的一棵大树下。他心想，出去这么远，准摔得不轻，于是站起来检查哪儿摔坏了，结果一点儿毛病都没有。再看芗老正跟程盈泉聊天呢。

我父亲走到芗老面前，不解地问："王先生，这是怎么回事？"

芗老问："想知道吗？"

"想啊。"

"那你明天来，我告诉你。"

回家的路上，我父亲问程盈泉："王先生收我了吗？"程盈泉说："王先生叫你明天来，就是收了吧。"我父亲问："你带来的'执敬'给王先生了吗？"程盈泉一听，说："哎哟，真把这事忘了。咱们一来，就听王先生问、王先生说，净听他的了，根本没提拜师的事。我把正事忘得死死的。这不，还在这儿呢。"就这样，准备的"执敬"，怎么拿去的又怎么拿回来了。

直到 20 世纪 70 年代，姚宗勋、杨德茂、朱垚荸、赵华舫、窦世明等师伯还先后问我父亲同样的问题："王先生的学生都是由姚师哥教的，怎么你是老师亲自教的？你是不是给了王先生很多钱，磕了头？"

我父亲跟他们说了拜师经过，说："钱带着呢，可怎么带去的又怎么拿回来了，没给，也没磕头。我叫老师摔了一个大跟头，就成了他的学生了。"我父亲问他们："你们给钱了吗？磕头了吗？"他们都说没给钱也没磕头。

万字廊初学站桩

第二天上午，我父亲到了万字廊。芗老在屋里跟我父亲聊了一会儿，拿出一张纸条，用铅笔在上面写了"头直、目正、神庄、声静"八个字，叫我父亲念，并说："记住了。装在兜里，每次练的时候，拿出来看看，按这个要领站好。走，到外边去。"

在院里的一棵大树下，芗老让我父亲按照纸条上的要领站好，开始教我父亲站"平步撑抱桩"。帮我父亲调整完姿势，他说："把心静下来，放松。想着全身的血都从脚底慢慢地流到地里去了，就剩下一个空空的大皮囊。这么站吧。"

我曾问我父亲："我师爷教您，就这么简单啊？"

我父亲说："是。就让我想着，全身血液都流到地里去了，剩个空空的大皮囊戳着。你师爷说得简单，可要做到不容易。有时候，你师爷会给我调整调整姿势。没别的了。"

时近中午，我父亲向芗老告辞。芗老说："你一、三、五上午来，我二、四、六到宗勋那儿去。"

就这样，我父亲按时到芗老处学习站桩，其余时间在家练习。

到万字廊找芗老的人不少，什么样的人都有，有些人还主动前来跟我父亲搭讪，我父亲就是静静站着，不予理睬。

姚宗勋（左）与程志灏（右）

我父亲问芗老："老师，那些都是什么人啊？"

芗老说："龙、虎、狗都有。谁跟你说话，问你什么，都甭理他们。该认识谁，我会跟你说的。"

芗老第一个让我父亲认识的是姚宗勋师伯。

姚师伯拜师芗老

跟随芗老学习之余，我父亲也听芗老聊一些往事。有一天芗老就谈到了姚宗勋师伯拜师的经过。

1937 年，洪连顺先生已是北平享有盛名的武林人物，他能把在平地上摞起来的九块"大开条"整砖一掌击碎，人称"大力洪"。他的顶门弟子姚宗勋能把在平地上摞起来的六七块"大开条"整砖一掌击碎，当时也是名满北平的武林才俊。

芗老定居北平后，洪先生前往造访，与芗老切磋，三试三北。他向芗老请教，芗老为其讲解拳学原理。洪先生大为钦佩，为求拳学真谛，决定向芗老求学。

洪连顺先生对弟子们说："愿意跟我一起去的，一起去；不愿意去的，另投名师。"顶门弟子姚宗勋为睹芗老的仪容和功夫，独自求见芗老。

姚师伯一进院内，芗老看着他就心生欢喜。芗老对我父亲说："宗勋进了院，我一看见他，打心里就喜欢上了。心说'可别把这小子打跑了'。"

姚师伯对我说："你师爷爷给我讲的很多拳理，我没听过，觉得挺新鲜，又很有道理……最后，你师爷爷对我说：'你什么时候想来，就来；什么时候想学，我就教你。'这样我就跟着你洪师爷一起来跟你师爷爷学了。"

我问："有人说您跟我师爷爷比来着，您输了才来的，是吗？"

姚师伯说："没比。你洪师爷都不行，我还比什么！"

芗老对我父亲说："洪大个儿带着他的徒弟来。按规矩，我得先教洪大个儿，洪大个儿再教他的弟子。我不能越过洪大个儿单教宗勋，这不合规矩。再说，洪大个儿还没学呢，怎么教宗勋？我就想出了个主意——收宗勋为干儿子。干爹教干儿，谁也说不出什么。就这样，我收宗勋做了干儿子。我收的干儿子都跟我大儿子'道庄'的'道'字排。以前收了赵恩庆，我给他起的名叫'道新'，取吾道之新之义；收了宗勋，起的名叫'道宏'，取吾道之宏之义。这么一来，洪大个儿就长了一辈儿，我们俩成了朋友，毕竟洪大个儿是北平的成名人物，不亏他。我对他的学生说，以后你们还要叫洪师父；叫我老师，一个学生两个老师，多好。你见着洪大个儿，也叫老师。"

关于"道宏"一名，1979年姚宗勋师伯问我父亲："你知道老头儿给我起的'道宏'这个名，后来给别人了吗？"

我父亲说："老师没跟我说过。老师跟我说过给你起名'道宏'的事，是取吾道之宏的意思。你说把这个名给别人的事，老师没跟我说过，我不知道。"

有的文章说，芗老给赵佐尧起的名字叫"道宏"，不知何因。

1940年，芗老给姚师伯赐名"继芗"，这是芗老确定姚师伯为自己的衣钵传人。其中原委以后再说。

芗老教洪师爷跟姚师伯的时候，也让韩星桥师伯教姚师伯。姚师伯说："有一次跟你韩师大爷推手，我把他'挤'到一个死角，以为我赢了，结果你韩师大爷突然'一惊'，把我甩出去了。通过这次，我才明白这个'一惊'是怎么回事。这是从你韩师大爷那儿得到的。"这正是《意拳正轨》中所说的"任敌千差万异，一惊而即败之，所谓枢得环中，以应无穷"。

后来跟随芗老学习站桩的人日益增多，芗老就在太庙后河边开辟了一大片场地，请洪师爷主持这里的教学工作，自己常来指导。

随芗老学习技击的学生刚开始不多，大部分是洪师爷的弟子，后来人慢慢多了起来。这些人都是由姚师伯代芗老教授，芗老定期指导；讲解时芗老还经常让李永宗师伯跟自己一起做示范，大家都说李永宗师伯是芗老的"拳架子"。

李苦禅先生跟姚师伯习拳，李先生的弟子魏隐儒先生跟我说过一件事。当时家住红线胡同的形意拳师刘某某托中间人转告芗老，要与芗老公开比武。芗老对中间人说："我知道他，叫宗勋去就行了。"中间人将芗老的话转告给刘某某，刘大惊，说："怎么，姚宗勋是王芗斋的徒弟？这可没法比了。"刘请中间人转告芗老，自己唐突无知，拟设宴向芗老赔礼。芗老说："不知不怪。非要请，宗勋去就行了。"姚师伯最后也没去。

芗老怀念"程先生"

一天，芗老对我父亲说："走，跟我去太庙，你也见见你洪老师。"

到了太庙，芗老对洪先生说："这是我的新学生，叫程志灏。"我父亲向洪先生行了礼，叫了声"洪老师"。此后，我父亲有时也到太庙跟着洪老师学习站桩，还在那里认识了朱垚荦师伯。朱师伯1942年正在太庙学习站桩，他为人谦虚低调，练习刻苦，深得芗老喜爱。朱师伯力气很大，曾单臂套进太庙铜缸的鎏金铜环，把缸端起来，被芗老称为"大力将军"。两人经常一起向芗老请教拳学，探寻拳理，芗老和同门中一些人把我父亲和朱师伯称为王氏门中的"程朱"。

一天，芗老带着我父亲从太庙出来，走前门，进打磨厂胡同从西往东走。打磨厂西口有很多刀剪铺，"王麻子""老王麻子""老老王麻子""真正王麻子""真正老王麻子""真正老老王麻子"的招牌一家接一家，出售刀、剑等冷兵器和各种日用刀、剪，也可以定制。

走过这些店铺，芗老带着我父亲继续往东走，在路南的一墙根处停下来，神情肃穆、恭恭敬敬地低下头，面向墙根默默地站立。

我父亲心想：老师这是干什么呢？

过了一会儿，芗老直起身，对我父亲说："这是程廷华先生遇害的地方，你也祭奠祭奠。"我父亲默哀毕，芗老说："你每次走到这儿，都要祭奠祭奠程先生。"

芗老告诉我父亲，程先生是董海川老先生的高足，人称"眼镜程"。董老和郭老情如兄弟，武林中有"形意八卦不分家"的美誉。以前程廷华先生外出路过马庄，还特意到郭老家拜见。

祭奠完，他们继续往东走，出了打磨厂，就到了花市大街火神庙。芗老带着我父亲瞻仰、凭吊了当年程廷华先生做眼镜的地方。出了火神庙，又到程先生当年的住处凭吊。

芗老对我父亲说："以后你走到这些地方，都要想着程先生，心里祭奠程先生。"

又一次，芗老带着我父亲从太庙出来，往东经东单再往南，出崇文门，走到护城河石桥上的时候突然不走了，给我父亲讲起了程廷华先生义服二祥子的故事。

据说大祥子、二祥子哥俩是清朝的"布库"，还有人说是"站殿将军"。大祥子憨厚老实，二祥子好斗。二祥子听说"眼镜程"功夫好，就想比试比试。他打听到程先生经常到城里进货，进出必经崇文门，于是某天便在石桥上等候程先生。程先生肩背褡裢，从城里出来，走在石桥上，只见前面一魁梧大汉挡住去路。这大汉就是二祥子。程先生向侧面一跨步，想从二祥子身边绕过去，谁知二祥子一跨步，仍然挡在程先生身前。

程先生几次要绕过去，二祥子就是不让。

程先生没办法，伸出双手攥住二祥子的手腕，轻轻一抖，向上一抬，就把他托到半空，然后一个 180 度转身把他轻轻放下，转身就走。二祥子目瞪口呆，再也不敢对程先生不敬了。

芗老在讲这个故事的时候，还在桥上做起了示范。他让我父亲当二祥子，自己当程先生，演示程先生是如何将二祥子"托到"半空中的。

最后芗老说："这就是程廷华先生，神不知鬼不觉，就让二祥子折服了。你要学程先生讲规矩、讲德行。"

这个拳叫什么

一天，我父亲问："老师，我许多同学和朋友知道我跟您学拳，他们问我跟您学的是什么拳，我怎么跟他们说？"

芗老问："你跟我学什么呢？"

我父亲回答："跟您学站桩呢。"

芗老说："那你就跟他们说，学站桩呢。"

这个拳练什么

跟芗老学习了三个多月，我父亲问："老师，咱们这个拳都练什么啊？"

芗老说："站桩、试力、摩擦步。"

"老师，能简单点吗？"

"站桩、走步（'走步'是摩擦步的通俗叫法）。"

"老师，还能简单点吗？"

"写意。"

"老师，写意是画画儿的词儿，不好理解，您能用咱们这个拳的词儿说说吗？"

芗老说："站。"

后来我父亲对我说："'站'是咱们这个拳的一字秘诀，你要天天站。"

后来，我向在京的一些前辈，如姚宗勋、杨德茂、朱垚荸、赵华舫、韩嗣煌、王玉芳等前辈求学时，他们都不约而同地对我说："站吧，站吧，不站什么都没有。"

为什么要"站"？怎么"站"？我很长时间都没明白。

曾祖母的训诫

同懋增纸店掌柜关杰庭先生隔三差五就到家里来，向曾祖母汇报同懋增、同懋祥两家纸店的经营情况。

一天，关杰庭来家，跟曾祖母谈完事后，问我父亲跟芗老练的是什么拳。

我父亲说："就是站桩。"

关杰庭问："什么是站桩？"

我父亲一边做示范，一边讲解。

关杰庭问："这么傻站着也是练拳？管用吗？"

我父亲说："是。管用。"

关杰庭问："这也能打人？"

我父亲说："能。"

关杰庭说："你打我一下试试。"

我父亲说："好，试试。我照你前胸打一掌，准备好啊。"

关杰庭准备好了，说："来吧，我接着呢。"

这时我父亲已经随芗老练了大半年。他用掌轻轻打在关杰庭的右胸上，只听关杰庭"哎哟"一声，再没说话。过了会儿工夫，关杰庭才起身告辞。

曾祖母说："杰庭，吃完饭再走。"

关杰庭说："不吃了，我回去了。"

之后过了十多天，关杰庭都没来。曾祖母很纳闷，和我父亲念叨："杰庭怎么好些日子没来呢？"

隔了半个多月，关杰庭来了。曾祖母问："怎么这么长时间没来？"

关杰庭笑着说："叫志灏打得起不来了。"

曾祖母一听，忙问怎么了。

关杰庭说："志灏打我那一下，当时就不好受，回到家里就起不来了。找大夫看了几次，都不管用。后来把沛龄（席沛龄）叫来了（席沛龄学医是由我曾祖父资助的，他很感激我曾祖父）。他看了看，说我这是受了内伤，问我叫谁打的，我把让志灏打的事说了。沛龄说，好厉害啊。他给我配了外敷、内服的药，连吃带敷十来天。这不刚能走，我就来了。"

曾祖母说："我看看。"

关杰庭解开衣服，曾祖母一看，前胸还隐隐能看到一个泛红的巴掌印。

曾祖母急了，把我父亲叫过来，严厉地斥责他说："跟芗斋学，不是叫你打人的。这是你关哥，换成别人怎么办？今后不许打人了。"

我父亲从此再也不敢跟人动手了。他跟芗老说了这件事，芗老笑着说："老太太懂规矩。"

芗老传授推手

大约 1944 年春天，芗老在万字廊院里教我父亲和姚宗勋师伯推手，他先教我父亲，叫姚师伯看着；然后教姚师伯，叫我父亲看着。

芗老双手搭在我父亲抬起的双臂上，动作很小地往怀里一拉，我父亲向后退出去好几步才站稳。

芗老问："明白了吗？"

我父亲说："不明白。"

芗老说："再来。"

芗老还是微微往怀里一拉，我父亲还像刚才那样，向后退出好几步才站稳。

"明白了吗？"

"不清楚。"

"再来。"

第三次，依然如故。

芗老说："你在一边看着。宗勋，过来。"

同样的动作，姚师伯也向后退了两三步才站稳。

"明白了吗？"芗老问。

姚师伯没说话。

"再来。"

也是三次。每次芗老都问："明白了吗？"姚师伯都不说话。

芗老说："好好琢磨琢磨吧。"

三个多月后，我父亲还没琢磨出来，去问姚师伯："师哥，你琢磨出来了吗？"

姚师伯说："你琢磨出来了吗？"

"我什么也没琢磨出来，才来问你嘛。"

姚师伯说："老头儿教你的时候，我仔细看他的动作；教我的时候，我体会他的劲儿。回来后，我就把老头儿的动作放慢，像电影里的慢镜头似的，再放大，琢磨来琢磨去，我觉得老头儿不是把我往怀里拉，而是在'画很小的圈儿'。我就把这个'圈儿'放大、放慢，一段儿一段儿地琢磨、体会、练习。体会一段儿，练熟了，再体会下一段儿。都练熟了，就把这个'圈儿'连贯起来，把动作缩小，练熟了，再加快。前几天，我让老头儿看着做了做，老头儿说'有点儿味道了'。"

通过芗老的传授和姚师伯悟出的方法，我父亲也逐渐掌握了推手的要领。

姚师伯遗著《意拳》的"推手"一文中所阐述的推手练习法，我感觉就是当年姚师伯把芗老的动作放大、放慢的"慢镜头"方法，也是阐述推手原理、原则和要领的方法。从姚师伯当年悟出的道理看，尚需把这些动作连贯、缩小、加快，在"点"上体现出来，才是这个拳的推手。

连贯、缩小、加快，若没有体认和深厚的基础功夫是不行的。这也是我认为《意拳》只是高级启蒙教材，所述不过姚师伯真实功夫十之二三的原因。

你这学是怎么上的

1944 年上半年的一天，芗老突然对我父亲说："这些日子我有事要办，你到宗勋那儿先跟他练，我跟宗勋说了。我把事办完了你再回来。"

我父亲到姚师伯处，说明来意，姚师伯说："瞧瞧你，你这学是怎么上的？"

我父亲不解地问："怎么了？"

姚师伯说："人家上学都是先念小学，再上中学，中学毕业再念大学。瞧瞧你，反着来，先上大学，再上中学，什么时候念小学啊？"

我父亲更不明白了。

姚师伯说："老头儿那儿是大学，我这儿是中学，太庙是小学。你可倒好，先跟老头儿上大学，又到我这儿念中学，什么时候到太庙上小学啊？"

我父亲说："老师说他有事，叫我到你这儿来的。老师说把事办完了，我再回去。"

姚师伯说："老头儿跟我说了。既然来了，就一块儿练吧。"

在姚师伯这里，我父亲结识了许多师兄弟。姚宗勋、窦世明、孔庆海等都是中国学院的学生，跟我父亲是校友；杨绍庚师伯还是我父亲师大附小的同学。又是校友又是师兄弟，大家的关系更亲近了。

《拳道中枢》

1944 年上半年的一天，芗老从里屋拿出一个牛皮纸包，对我父亲说："我新写了点儿东西，你看看。谈谈你的看法，提提意见。"

我父亲接过纸包，打开一看，是一摞码得整整齐齐的、用毛笔在红色竖格信纸上写的文章。

第一张纸左上角写着"拳道中枢"四个字，下面署名"芗斋王尼宝"。

第二张纸第一行为"自志"，第二行写着"拳道之大，实为民族精神之需要……"。

我父亲一页一页地看。芗老说："拿回去看吧，看完给我，把你的看法和修改意见写在后面附着的白纸上。先别给别人看，我还要修改。"

我父亲问芗老，能否抄一份留着自己学习。芗老说："可以，只是还要修改。"

回去看完《拳道中枢》后，我父亲便以同样的纸和格式，用毛笔抄了一份自留。在芗老原稿后面，他写了"自大"两个字，提出的修改建议是"将文中批驳一些人当面恭维，背后诋毁、攻击芗老和这个拳的段落删除，用一两句话带过就行了"。

芗老看了我父亲的意见后说："对，咱们这个拳就是要'自我放大'。你提的建议我再琢磨琢磨。"

后来，我父亲又转抄了一份《拳道中枢》的稿子，送给了高月亭老先生。

下半年的一天，和姚宗勋、朱垚葶、王少兰三位师伯一起吃饭聊天的时候，我父亲问姚师伯："师哥，老师的《拳道中枢》里有些地方我不明白，你给讲讲。"

姚师伯一愣，说："我知道老头儿在写新东西，但写的什么我不知道。"

我父亲把芗老叫自己看《拳道中枢》的事说了。

姚师伯说："你说的《拳道中枢》我没看过。是不是老头儿新写的，我不清楚。你跟老头儿说说，给我看看。"

朱垚葶和王少兰两位师伯也说："听你这么一说，老师新写的就是《拳道中枢》了。你跟老师说说，也叫我们看看。"

我父亲说："我明天就去跟老师说。"

第二天，我父亲跟芗老说："姚师哥跟垚葶、少兰都想看看《拳道中枢》，您是不是给他们看看？"

芗老说："是要给宗勋看。等修改完了就给他，也让他谈谈看法，提提意见。"

之后，芗老把修改后的《拳道中枢》交给了姚宗勋师伯，跟随姚师伯练习的师伯、师叔们知道后互相传抄，我们今天看到的，就是大家传抄的、经芗老修改后的《拳道中枢》。

但传抄本中出现了一些遗漏和错误。如把郭老"利己利

人"的师训，写成"立己立人""以己利人"。又如把"今夫本
拳所重者，在精神，在意感，在自然力之修炼"的"修炼"写
成了"锻炼"；把"以言其体，则无为不具，以言其用，则有
感即应"写成了"以言其体，则无力不具，一言其用，则有感
即应"。还将"余据四十余年体会操存之经验，倍感各项力量
都由浑元扩大、空洞无我产生而来，然浑元空洞亦都由细微之
棱角形成，渐渐体会，方能有得，否则不易明理。是以吾又感
天地间一切学术，无一不感矛盾，同时亦感无一不是圆融，然
而须得打破圆融，统一矛盾，始能融会贯通，方可利用其分工
合作，否则不易明理"写成了"……然浑元空洞亦都由细微之
棱角渐渐体会，方能有得。是以吾又感天地间一切学术，无不
感矛盾，同时亦感无一不是圆融，统一矛盾，始能贯通，方可
利用其分工合作，否则不易明理"。

如此者不一而足。其实"利己利人"是郭老对"自利利他"
的化用，意为：对某事物通过自己的体认确实得到了利益，再
以此推及他人，使他人通过体认也得到相同的利益。《意拳正
轨》即有"本利己利人之训，不敢自私，以期同嗜者均沾斯益"
的表达。

后来几经流传，社会上出现了将《拳道中枢》改为《拳道
中枢（大成拳论）》或《大成拳论》《拳学要述》的情况。其中
原因，须从历史与实践中探讨，非一言能解释清楚。

1979 年，姚师伯在我家聊天的时候，我问："师大爷，我

父亲跟我说，'你师爷爷给我看的就是《拳道中枢》'。我师爷爷给您看的是《拳道中枢》还是《大成拳论》？您知道现在流传的《拳道中枢（大成拳论）》跟《大成拳论》是怎么回事吗？"

姚师伯对我说："民国时有人称这个拳为'大成拳'，在社会上引起了很大的反响。你师爷爷着手写《大成拳论》，阐述这个拳的拳理和练法。写的时候，每写一部分，就叫我看，让我提意见。我把你师爷爷写《大成拳论》的事跟大伙儿说了，大家都知道你师爷爷在写《大成拳论》，也都从我这儿知道你师爷爷写的一些内容。后来《大成拳论》没写完，你师爷爷就对我说，宗勋，我得写个新东西。写什么没跟我说，我也不知道。你师爷爷写《拳道中枢》的事，我还是从你爸爸那儿知道的。你师爷爷给我看的就是《拳道中枢》。当时有人问我《拳道中枢》是什么意思，我就随便跟他们说了一句，说就是《大成拳论》。于是有人就在《拳道中枢》后面加了'大成拳论'这几个字。至于为什么有人把《拳道中枢》说成是《大成拳论》，我就不知道了。《拳道中枢》是《拳道中枢》，《大成拳论》是《大成拳论》，虽然在讲述拳理和练习方法上基本一致，但不是同一本。你师爷爷给我看的就是《拳道中枢》。"

据我所知，芗老修改《拳道中枢》后还叫孙闻卿师伯和于永年师叔看过，希望他们提出修改意见。姚宗勋、孙闻卿、于永年三位前辈是否提出过修改意见，我不知道。但当今流传的确是芗老修改后的《拳道中枢》。

我有幸看到过父亲抄写的《拳道中枢》原稿。原稿中有一大段是芗老批驳某些人的言论。在修改稿中，芗老接受了我父亲的建议，将这些都删除了，仅用一句"虽有一般明理之士咸表同情，而大都庸俗愚昧，忍心害理，尤其信口诋人，此真不齿，故终不免有诸多嫌怨者"带过。另外，修改稿还把"明心见性后，反向身外寻"改为"自身皆具备，反向身外寻"；把"提、顿、吞、吐、分、闭、开、合"改为"提、顿、吞、吐、沉、托、分、闭"，后来不知道怎么又改了回来，但是不是芗老改的，我就不清楚了。我们可以想想这样的改动有什么内涵。

2002 年，二姑王玉芳将刘涛、李全有编辑整理的《意拳拳学》赠送给我。书中将《拳道中枢》改为《意拳要述》。我问二姑为什么这么改，二姑说："有人把《拳道中枢》改成《大成拳论》，我就叫他们改成《意拳要述》。"

我对二姑说："别改，《大成拳论》《意拳要述》跟《拳道中枢》的境界不在一个层面上，还是按我师爷爷的《拳道中枢》好。"二姑听我解释后说："好，再版的时候叫他们改过来，还叫《拳道中枢》。"

二姑还拿出一份文稿，说："你看看，这是有人送给我的，说是你师爷爷《大成拳论》的原稿，上面还有你师爷爷的图章，你看看对吗？"

我看了以后对二姑说："这是《拳道中枢》的抄件，不是我师爷爷《拳道中枢》的原稿，也不是《大成拳论》。"原因如下：

首先，这不是我师爷爷的笔迹。

其次，用笔、用纸、格式都不对。

最后，文中"余素以己立立人为怀"这句是错的，应该是"余素以利己利人为怀"。"利己利人"是郭老给我师爷爷的师训。

传授枪法

一天，芗老带着我父亲到崇文门外河泊厂罗耀希大夫家办事。芗老先把我父亲介绍给罗大夫，办完事要走的时候，罗大夫说："您等会儿。"他从里屋拿出一根白蜡杆，说："跟志灏头次见面，送他个见面礼。"我父亲不要。芗老拿过来，在手里抖了抖，说："还行。给你呢，你就拿着吧。"我父亲说："我又不会，拿它干吗，不要。"芗老说："我教你不就会了，拿着吧。"我父亲谢了罗大夫，拿着杆子回家了。

到了家，我母亲问，拿根杆子干什么？我父亲说了罗大夫送杆子的经过。

我母亲问清楚罗大夫住在哪儿，第二天就回娘家跟我姥爷说："罗大夫是志灏的师兄，住的是咱们家的房。"从此，我姥爷就不再收罗大夫的房钱了，两家也成了朋友。

我父亲练了浑元桩和走步之后的一天，芗老说："教你练练枪。"于是传了我父亲枪法。

枪法练习，要先练上、下的劲儿。

芗老让我父亲先站好浑元桩，接着告诉他："左手在前，半侧握枪身，掌心如含一鸡蛋，不能让枪身将鸡蛋挤破；右手整把握住枪尾，置于脐前约一拳处。枪尖高不过眉。将距枪尖一尺多的枪身贴靠在一固定物（如大树、门框等）上，意想枪尖系着三五斤的重物，做上下匀速滑动，滑动距离一尺左右。左右两边交替练习。"

当年芗老用一棵树辅助练习，久而久之，竟将该树磨出了树瘤，功夫之深，难以想象。

有了一定基础后，再练习以下十三种劲儿：拨、拧、转、滚、扣、裹、刺、挑、崩、绞、推、拉、锉。

上述总共十五种劲儿有了一定基础后，再开始对练。

芗老叫我父亲从他屋门后边拿出两根白蜡杆，一根是罗大夫给芗老的，一根是芗老自己的。

芗老用罗大夫给的那根，叫我父亲用他自己的那根练习。我父亲后来和我说，芗老自己的那根杆子，拿在手里跟别的杆子感觉不一样，顺手。

芗老说："枪尖不能离开对方前胸到脑门一尺多的范围。运用时，十五种劲儿要合成一个劲儿。"

我父亲说，跟你师爷爷搭上枪以后，就觉得你师爷爷的枪好像轻轻一拧、一拨，一股说不出的劲儿就把我甩出去了。越想抗拒，出去得越远。

每回就练三次，然后芗老会说："回去好好琢磨琢磨吧。"

有一次，芗老又叫我父亲拿杆子，我父亲在屋里找了半天，只有一根。芗老说："我忘了，有一根让人借走了。你把掸瓶插着的那个甩头掸子拿来吧。"

芗老用掸子把儿当枪。我父亲想，掸子把儿又软又弹，这下不能把我甩出去了。于是我父亲拧枪向芗老前胸扎去，结果他只觉得枪身一震，就被甩出好远。

还有一次，我父亲用杆子不经意地一拨拉，竟把芗老拨拉了一个趔趄。他问："老师，我想拨拉的时候，拨拉不动，刚才不经意地一拨拉，就把您拨拉动了，这是怎么回事？"

芗老说："想，是有意；不经意，是无意。无意是本能。"

"任何器械都是手臂的延伸。枪法的各种力要合一，枪法要和躺桩交替着练，枪法和拳法要合一，枪法、拳法、桩法要合一。习拳不学枪，是半个拳。"

枪法练习须万法归一。"一即一切，一切即一"，"一法不立，无法不容"。本能不复，激发不出潜能；万法不归一，都不是这个拳。

芗老与各界人士的交往

《王芗斋先生大事记》中简要记载了芗老和许多武林人士的交往，这里不再赘述。

1923 年，芗老在福建周荫人部任武术教官时，曾在武夷山遇到一位老道长。芗老对我父亲说："老道长学识渊博，对道学、养生、武学、剑术见解很深，功夫也好，我在道观与老道长盘桓数日，获益不少。临行时，老道长亲书一幅对子送我，字字珠玑，回头你看看。"据我父亲说，这幅对联多用生僻字，芗老曾逐字给他讲解，使他受益颇深，也不知道这幅对联是否还在。

我曾见到芗老早年的一首诗，其中有"（丹田）脐下一寸三分处"一句，于是问我父亲："原来我师爷爷也讲'丹田'，为什么后来又不讲了，只要求习者'腹式自然呼吸'？"我父亲说："你师爷爷对我说，一块生荒地，种什么都不行。开垦出来，成了熟地了，种麦子叫麦田，种水稻叫稻田，种瓜叫瓜田，另外还须经常耕作，才能结果。体内是心肝脾肺肾、肠子肚子里一堆屎尿，'田'在哪里？'丹'是何物？'丹是丹，田是田，无丹无田'，不修不炼，哪来的'丹田'？一些人不知其理，不知道学，妄言丹田，误人不浅。或许是那位老道长给你师爷爷讲了道学、道功以后，他才有了这些认识，不再提丹田，只提腹式自然呼吸了。腹式自然呼吸是胎息的基本功。当年你师爷爷就叫我学《黄庭经》。"

20 世纪 70 年代后期，我看到了陈撄宁道长解释《黄庭经》的文章，对"丹田说"有了进一步的了解。《拳道中枢》："若从迹象比，老庄与佛释。"不懂老庄之学，不明丹道学，不知密宗"明点"，也不知以上与儒学"静坐"的关系，强说丹田，岂不误人子弟，贻误后人？

芗老说："咱们这个拳，是身心性命之学，气质本能之道。"其义深矣。

姚宗勋师伯曾对我说："《拳道中枢》每句话的背后，都有你师爷爷许多的事迹支撑着。不知道这些事迹，就不知道你师爷爷想说什么，要说什么，说的是什么。"此言不虚。

芗老曾拜访少林寺，与恒林禅师切磋拳技，并结为好友，从而得到恒林之师本空上人在禅学和拳学上的指教。

北京市武协委员、三皇炮锤研究会会长袁敬泉先生，四十多岁时随芗老学拳、站桩三年，明悟了什么是"拳劲儿"。

芗老喜爱京剧、昆曲和汉剧。民国京剧界的金少山和李多奎两位先生，有"铜勺铁耙"的美誉。金少山先生多次请芗老看他的演出，并请芗老指点。

芗老对金少山先生说："出剑指的时候，中指和食指要稍弯着指出去。指出去的时候手向前指，身子向后靠，头向上领，精、气、神就更足了。"这其实是拳里的"浑元争力"。金先生接受了芗老的建议，并依此表演，神满意足，效果颇佳。

京剧表演艺术家李少春先生也曾与芗老有过交往。芗老将拳里的"试力""走步"与舞台表演结合，使李少春先生在"走圆场""挥动马鞭"时神态更加沉稳、飘逸、潇洒，意境更上一层楼。

芗老和齐白石老先生既是邻居又是好友，芗老请齐老指点自己的画作，齐老请芗老教授自己站桩。

芗老跟擅长画仕女和写意人物的徐燕荪先生是表兄弟，芗老是徐先生的表兄。这层关系，至今也很少有人知道。徐先生脾气怪，作画凭兴致，高兴了，当时就画；不高兴，不知道什么时候才动笔，一两个月都说不准。

徐先生的脾气，只有芗老降得住，"秘诀"就是芗老夫人做的鱼。只要能吃到表嫂做的鱼，徐先生画多少都行。芗老说："只要吃鱼，这小子闻着味儿就来了，来了就叫他画几张。"

日本统治下的北平，人民生活困苦。徐先生生活拮据时就找芗老，说："芗斋，把你那破石头给我几块。"芗老说："又揭不开锅了？来吧。"就把珍藏的图章料给徐先生几块，徐先生拿去售卖，贴补家用。

芗老生活困难的时候，就拿出留存的徐先生的画变卖，贴补家用。

如果徐先生卖自己的画，芗老卖自己的图章料，收购者知道他们生活困难了，就会大大地杀价。所以徐先生和芗老就互卖对方的藏品、画作。

据芗老说，徐先生给他画了很厚的一本画册，其中有各式各样的仕女和人物，且每页都有徐先生的签章，可以单独裁下来，便于出售。

芗老迁居我家期间，每逢我曾祖母寿日，芗老送的寿礼中都有一幅徐先生的仕女中堂。我记得其中一幅徐先生题了这样一段话，大意是：大家闺秀、小家碧玉或是巾帼英雄，服饰上确有不同，但关键区别却在"眼神"上。这和芗老的拳学是一致的。

国学大师启功先生与芗老有戚谊，少时即随芗老学习站桩。李苦禅、王雪涛、金协中（芗老的二女婿）、李寿民、王石川、魏隐儒等对芗老都很钦佩，他们跟随姚宗勋师伯习拳，都得到过芗老的指点。

20世纪70年代，我在东唐洗泊街一家小理发店排队等候理发，一位上了年纪的人与店老板谈自己早年间跟随芗老习拳站桩，受益良多的往事。我很有兴趣，经询问得知，老人家是位京剧演员，名叫吴松岩。

1976年，我在"北京合成化学厂建厂工程指挥部"工作。当时的同事颜维良自幼练习铁砂掌，数十年不辍，很有功夫。一天，我们谈起习武之事，我说我曾跟随王芗斋先生学了三年多站桩，他表示很羡慕。此后我经常到他家，畅谈跟随芗老学习的经历和芗老教我站桩的方法。一次，他又请来一位北京供电局的老工程师（我记得姓张）一起聊天。这位老工程师早年间也曾跟随芗老学习站桩。曾经有人问他，这个拳打人是什么劲儿？他说讲不明白，打上你你就知道了。我觉得他很有功夫。

我家一位姓张的邻居患了重病，我去看他。他对我说，解放前他是太庙东门外一家茶叶店的伙计，老板经常叫他给住在太庙的王芗斋送茶叶，芗老叫他站桩，他没听。他说现在很后悔，当年如果跟随芗老学了，就不会得这种病了。可惜现在后悔也晚了。据说他的孩子也得了重病，数年来每天坚持到地坛站桩，效果很好。

芗老与社会各界人士多有交往，我所知的只是九牛一毛。我感到，在北京不知各行各业有多少人曾与芗老有过交往，跟芗老学过站桩，他们往往很有功夫，很有成就，也收获了健康的身心，却从不张扬。我应该向他们学习。

芗老迁居我家

1945 年的一天，我父亲看到芗老心情沉闷，问："老师，您有什么心事？"芗老说："当局叫住这里的人限期搬出，我在想搬哪儿去呢。"

我父亲说："老师，您搬到我家住吧。"芗老说："你说的管用吗？"

父亲回到家，跟曾祖母说了芗老的情况和自己的想法。

曾祖母说："知道了。明天我去请你老师。"

第二天，父亲跟着曾祖母来到中南海万字廊。曾祖母见一个人在躺椅上看报，仔细看了看，走过去问："您是邱先生吧？"

这人放下报纸，仔细看了曾祖母一会儿，说："你是郭家的二小姐？"

曾祖母微笑着点了点头，转过身，对我父亲说："来，见过你邱鹤亭伯伯。"父亲向邱先生鞠了躬，叫了一声"邱伯伯"。

邱先生从躺椅上站起身，朝屋里大声说："芗斋，快来！故人的家人来啦。"

芗老从屋里出来，看见我父亲站在一位老太太身边，就明白了。芗老紧走了几步，来到曾祖母面前。

邱先生说："芗斋，这是东初家的二小姐。"

芗老说："老太太，快请屋里坐吧。"

往屋里走的路上，芗老埋怨我父亲："你怎么没跟我说过这层关系？"

我父亲没说话，心说：是我拜师，说这些干吗？

到了屋里，曾祖母向芗老说明来意。

芗老说："有什么事，叫志灏跟我说就行了，怎么您还亲自来。"

曾祖母说："尊师重道，理应如此。"

芗老说："好，明天我到家里看看。"

在回家的路上，曾祖母向我父亲说，邱先生原是南宫县的县长，与郭东初老先生是好友，常到郭家来，见过曾祖母。"七七事变"后，他就辞职了。她不知道邱先生跟芗老这么熟悉。

我家有两座连通的院子，鞭子巷二条28号是主宅，是一座占地约380平方米的坐北朝南的四合院，于1900年与同兴和硬木家具店同时兴建，南北房各5间，东西房各3间，南房为正房。大门在宅院的西北，占了1间北房。北房还有4间住房，与南、东、西以屏门隔开，称"外院"，东、西、南房称"里院（内院）"。宅院东边是鞭子巷二条门楼胡同4号，是另一座占地约120平方米的独立小院，1920年前为我祖父养病修建。小院与主宅连通，以屏门隔开。祖父去世后，门楼胡同4号由我奶奶和姑姑居住。1961年后，我居住在4号小院中。

隔天芗老到了我家，曾祖母给芗老安排了外院的四间北房。芗老看了很满意，说："三天后携家眷来。"

芗老走后，曾祖母让我父亲到同兴和柜上叫来几个徒弟，把北屋收拾得窗明几净，所有家具见新，生活物品也添置得一应俱全（芗老有脚气，连脚盆都准备好了），迎接芗老进住。

不成文的规矩

芗老迁居我家后，不在家里会见各方人士。芗老的学生中，姚宗勋师伯可以随时到芗老和我家各房间与我家人见面、聊天，朱垚葶师伯可以随时到芗老和我父亲房中，杨德茂师伯可以随时到芗老房中，其他学生未经芗老准许不能来，来了以后就在芗老屋里，不经芗老准许，不得随意到其他地方。大年初一、初二学生们可以随时来家给芗老夫妇拜年，拜完年稍微待会儿就走。

每天早上 8 点左右，芗老都到我父亲书房，看看我父亲在干什么，或者找几本书看。晚饭后，我父亲到芗老房中，跟芗老聊天。

当年，一般人想见到芗老很不容易。我父亲的一些同学和朋友都想见芗老，就请我父亲代为转达求见之意，芗老不同意。为了满足一些同学、朋友的愿望，我父亲就叫他们早上过来，说是找自己的，这样就能见到芗老了。

头一次，芗老没说什么。几次之后，芗老对我父亲说："别叫他们来了。"

后来我父亲才知道，芗老这么做，是为了我家的安全。

没有规矩 不成方圆

我曾祖父早年逃荒到京城，跟人学木匠活儿，后来自己制作马鞍子。由于待人真诚、物美价实，在京城赢得了"鞍子程"的美誉。1900 年"庚子事变"，慈禧太后西逃，官宦巨贾随銮外逃，京城惨遭八国联军劫掠。大乱之中，曾祖父虽有些许积蓄，却也散失殆尽，几乎一蹶不振。太后回銮，外逃之人相继返回京城，家宅需要重新整理。曾祖父在乡亲、朋友的支持下创办了"同兴和硬木家具店"，从制作马鞍子转为修理、制作硬木家具，堂号"同生堂"。历经数载经营、创新，同兴和声名大振，成为京津硬木行的龙头老大，开创了京作硬木家具的先河，被誉为"江北第一家"。

芗老要到同兴和看看，我父亲就带着芗老去了。到了同兴和，芗老在我父亲和

同兴和硬木家具店旧址（金鱼池中区 3 号原东晓市街 28 号）

同兴和掌柜的陪同下，参观了硬木家具制作的全过程。在参观过程中，每个人都在专心干活儿，没有一个人抬头看芗老。

后来，芗老不止一次地自己到同兴和参观，依然如此。

一天，芗老对我父亲大发感慨："你爷爷去世这么多年了，徒弟们还是照你爷爷定下的规矩干活儿。"

我父亲说："干活儿就得按规矩干，哪儿能随便改呢！"

芗老说："我去了几次，没有一个人抬头看我，都在专心地干自己的活儿，好像没我这个人似的。我不知道你爷爷用什么方法教的徒弟。怪不得说你家是'江北第一家'呢！规矩就是规矩。"

我父亲说："干活儿就是干活儿，干着活儿怎么能想别的呢？"

家具制作过程中，只要有一个工匠没有把自己全部的身心投入进来，这物件就成不了传世的珍品。每一件传世珍品都是精神和物质的结晶，它凝聚着物料的精华和工匠的智慧，没有相应的德性、境界和福报的人，没有缘分的人，不可能跟它"沟通"。珍品如此，拳学亦然。

中华民族优秀的传统文化、行之有效的规矩礼仪，是无数前辈智慧的结晶，不能想怎么改变就怎么改变。

没有规矩，不成方圆。

情分

我父亲十几岁时，父母先后病故，之后就一直跟随祖母生活。

芗老参观同兴和硬木家具店后，曾三次想收我父亲为义子，都被我曾祖母婉拒了。我曾祖母说："师生如父子。"

一日，芗老对我父亲说："我一直想收你做干儿，你祖母不答应。我看了同兴和以后，想给你起个名字，就不能按'道'字起了。叫什么呢？想来想去，就叫'匠门'吧。是木匠的'匠'，不是'将军'的'将'。古来有大成就者，称为巨匠。你爷爷是当今红木行的巨匠，你是匠门之后，就叫'匠门'吧。八卦掌有'眼镜程'，或许将来我门中有一个'红木程'。"

钱师奶在我家居住的时候，差不多每天都到我曾祖母房中跟我曾祖母说话、聊天，有时候还找人来一起玩玩牌；三姑王玉白常跟我母亲一块儿聊天，有时候她跟我母亲还带着王竹、我哥哥和我在院子里玩耍。姚师伯是芗老的义子，曾祖母让我们叫姚师伯"大爷"。每当我曾祖母生日和过年的时候，芗老就叫姚师伯跟我父亲一起给我曾祖母祝寿、拜年，大家在一起跟一家人似的，其乐融融。

芗老幼因喘病，跟随郭老云深习形意拳，以求健身。喘病伴随着他老人家的一生。虽经不少中西名医诊治，也用了不少民间偏方，但他的病始终未能根治。

我父亲说，跟随芗老二十年，只见过两次芗老犯喘病，一次是芗老给我父亲讲述自己母亲去世，一次是听到谢铁夫前辈去世。病发时芗老一把鼻涕一把泪，上气不接下气，身子蜷缩着，脸憋得紫红紫红，好像随时都会倒不上气似的，十分痛苦。旁边看到芗老这个状态的人都跟着痛苦。

芗老的学生宋彩亨在北京东珠市口开西药房，为芗老寻觅到了一种德国生产的药。患者将这个药点燃后，吸入其烟雾，对缓解喘病效果很好。这个药不好买，还很贵，当时是"一两黄金一两药"。宋彩亨想方设法购买到，提供给芗老。芗老不到万不得已时不用，节省下来以备急需。

芗老随身带着烟斗和烟荷包。烟荷包里装的是这种药，芗老喘病犯了的时候，就吸上几口药烟，症状便可以很快得到缓解。这个药可以说是"救命药"。很多人以为芗老抽烟，其实不是，他吸的是这种药烟。

钱师奶和三姑经常带着小竹到三姑的丈夫王家祯家居住。芗老一人在家时，我母亲就照顾芗老的日常生活，做饭、洗衣什么的；芗老最爱吃我母亲做的"烙回头"。芗老常对来的学生说："富恩就像我闺女一样。"

一天，芗老家里没白面了，到粮店买了一袋白面（44斤），粮店伙计给送到大门口就走了。芗老要把面提到屋里，走了不到 5 米，喘病就犯了，扶着墙大口喘气，憋得走不了

了。恰巧我母亲在院子里坐着休息，听到声音后赶紧出来，连
搀带抱地把芗老扶到屋里床上坐下，芗老憋得说不出话了，用
手指着烟荷包。我母亲知道芗老要吸药，赶紧装上药点燃，把
烟斗放到芗老嘴里，芗老连吸烟的力气都没有了。我母亲赶紧
自己先吸了一口，把药烟放到芗老的口鼻前，不一会儿芗老长
出了一口气，缓过来了。

趁着芗老缓气的时候，我母亲把面拿到屋里放好。看到芗
老逐渐恢复了，就跟芗老开起了玩笑，说："老师，你看我一
提就把面提进来了，你就不行。你的能耐没我大。"芗老笑了。
我母亲又说："老师，一百多斤的人，你一发力就把人家扔得
挺远，你也把这袋面'发'到屋里啊。"芗老看着我母亲无奈
地说："嗨！不是一个劲儿。"

由此，芗老连一袋面都提不动的故事，就在一部分人中传
开了。

还有一次，芗老大腿上长了一个火疖子，开始没当回事，
结果"犯性了"，疼得走不了路。我父亲上学去了，芗老就让
我母亲把罗耀希大夫找来。罗大夫看了以后，说挺厉害的，里
边都是脓。开了刀，流了不少脓，又腥又臭，黏糊糊的，腿
上、裤子上沾了不少。罗大夫清洗了伤口，下了药捻，敷上药
裹好后，对我母亲说："我三天后再来。这是药，一天换一次，
要干净，别感染。"

恰好钱师奶和三姑带着小竹到王家去了，于是我母亲就给

芗老换药、换衣裳、洗裤子。芗老不让，说自己可以换药，衣服自己洗。我母亲对芗老说："别逞能了。志灏是你学生，我就是你学生。学生伺候老师应该的。好好躺着，听话，别动。"

我母亲对我说，每次换药捻的时候，都带出不少的脓血，她又不会下药捻，就知道把药捻用镊子

母亲（刘富恩）和父亲（程志灏）

往伤口里送。她对芗老说："老师，我不会，你忍着点，别喊疼。要是疼，我换完了你再喊，不然我手一哆嗦你就更疼了。"我母亲说，知道你师爷爷是强忍着疼，一动不动地躺着叫我换，看着都难受。

罗大夫每三天来一次，来了几次后说："伤口挺干净，好得挺快。"芗老说："累了富恩了。"

芗老爱吃我母亲做的菜，尤其爱吃我母亲烙的"回头"。有时候芗老说："富恩，烙'回头'吧。"我母亲就说："老师，又馋了吧，我这就去。"

我母亲说："你师爷爷的'招儿（桩法）'多了。连我做饭、

洗衣服的时候怎么'站'，都教给我。跟你师爷爷在一块儿，不管干什么，他都能告诉你怎么站（桩）。"

生活就是站桩，站桩就是生活。芗老在我家居住期间，教了我母亲躺桩、站桩，对我母亲跟对自己的孩子似的，之后我母亲每每谈起这段情分，都非常感动。

站桩　试力　试声

芗老迁居到我家半个多月，虽然每天晚饭后都跟我父亲聊天，却从不谈拳，也不提站桩。

我父亲琢磨：老师为什么不谈？想来想去，觉得或许是自己只聊不练的原因，于是就一边站桩一边跟芗老聊天。

如此一来，芗老的话匣子就打开了。看着我父亲站的姿势有哪点不对，芗老就直接说，帮我父亲调整并告诉他要有什么意念。有时候芗老连自己当初跟郭老云深练习时的经过、体会都对我父亲说。这使我父亲对站桩有了进一步的理解。

"初学的时候，别把站桩当任务去完成，累了就歇会儿，不要累了还坚持，最好连'我要站桩了'的想法都没有。"

"桩，'有定规，无定法'。"

"头直、目正、神庄、声静，是最基础也是最根本的规矩。"

芗老第一次教我父亲的时候，写了这八个字，还叫我父亲放在兜里，每次练习时都要拿出来念一遍，以此调整身心。由此可见，这八个字含义深远，十分重要。

现在教站桩的，很少传授这八个字。

我多年站桩的体会是："头直、目正、神庄、声静"即"四容"。"四容"言简意赅，但仔细体认就会发现，"四容"即是"规矩"，很不容易做到。更何况在不同的阶段、不同的境界，

"四容"的含义也不同。这必须在体认中才能深刻理解。"站桩"时找到"头直、目正、神庄、声静"的状态，才算开始入门了。

"'没有规矩，不成方圆'，规矩是基础、根本，不能变。"

"要不失规矩，养成习惯，随时随地都可练习。"

"要循序渐进，不能好高骛远。"

"桩，只有一个，也可以说有无数个，任何瞬间的停顿都是桩法，缺什么用什么桩补。"

芗老发现我父亲在站桩时有欠缺的地方，就以相应的桩法予以"弥补"。

教枪的时候，芗老说："枪法的各种力要合一，枪法要和躺桩交替着练。枪法、桩法、拳法要合一。"

练习拳法的过程中，芗老给我父亲纠正了许多毛病。教枪法的时候讲授了"拳械合一"的要领和练习方法，还教了我父亲在躺桩时练枪、拳的方法。

芗老跟我父亲聊得高兴了，就在屋里走着说。开始的时候，我父亲以为芗老就是随便活动活动，没注意。后来发现芗老"走"的时候，那股精神、气势跟平常走路大不相同，他就开始留意了。

渐渐地，他发现芗老不是在随便活动，好像是在教自己"身法、步法"。于是他就跟在芗老身后，模仿着芗老"走"。

开始几天，我父亲回到自己屋里还回忆芗老走时的全身动作，以为芗老在教自己一套拳法。想来想去觉得不对，因为芗老每次的动作都不一样，没有固定招式，是随心而动的，尽管动作不同，但是那种浑厚、笃实、潇洒、俊逸的神态是不变的。

芗老几乎每天都有意带着我父亲"走"。

渐渐地，芗老开始带着我父亲到院子里练习。地方大了，芗老的动作时而大开大合，时而轻柔细腻，时而巨浪排空，时而风平浪静，时而云龙冲天，时而神马行空，时而飞沙走石，时而骤然停歇，那种"形断意不断，意断神犹连"的震撼人心的气势让我父亲感到不寒而栗。

我父亲问："老师，这练的是什么？"

芗老说："试力。"

芗老给我父亲讲了试力的要领和方法。芗老说："不管是抬手、投足还是一停一顿，都是在和敌人'决斗'。精神要饱满，意力要笃实，目的要明确，不要有多余动作，要稳、准、狠，干净利落地一击毙敌，还要收放自如。"

一天，我父亲到芗老房里，看见芗老好像在洗手，就站在一旁等待。看着看着，我父亲觉得芗老不是在"洗手"，而是像小孩儿在脸盆里"和弄水"，便好奇地看着。忽然，芗老一只手在水里，另一只手将一股水流提出水面，像提起一根水柱似的，随即又用手把水柱"按"回盆里。

芗老长嗨了一声，自言自语地说："还是不行。"

我父亲问："老师，这练的是什么？"

芗老说："试力。当年你师爷（指郭老云深）能提起一尺多高的水柱，我才七八寸，跟你师爷差得远。来，我教你，你试试。"

我父亲按照芗老教的练习，结果一点水都没提起来，还把水拍得噼里啪啦，溅了一地一身的水。

芗老说："琢磨琢磨吧。"

转眼到了冬天。一天，我父亲到芗老屋里，看见芗老正坐在椅子上，两只胳膊架在桌子边上，双手捧着一个小镜子在照。

我父亲仔细一看，小镜子几乎贴在芗老脸上了，心说也没这么照镜子的啊，就问："老师，您干什么呐？"

芗老说："试声。"

我父亲问："什么是试声？怎么练？"

芗老讲了试声的内容、作用和练习方法。在相当长的一段时间里，芗老带着我父亲练习试声。

我父亲曾对我说，没有一定的基础、正确的方法和老师口传身授，不要随便练试声，以免伤身。而只有练了试声，劲力才能圆满，爆发出来的才是浑元炸力。

芗老非常重视站桩，经常给我父亲调整桩法。我父亲曾说，我跟你师爷爷学拳，主要是站桩，站桩是基础、根本。没有桩功基础，试力、身法、步法等就都是外在的形式。只求外在的形式，没有内在的功力，就不知道什么是拳，怎么做都不是那个东西；有了内力，怎么做、怎么用都舒服，连挨打都觉得舒服。不要追求形式，要重实质。

用芗老的话就是："站吧。不站，什么都没有。"

我父亲还给我讲了一个故事。

1946 年底，我父亲去天津办事。临走前，芗老说："南门那儿有家大货栈，管事的姓刘，去看看他。"

我父亲问："老师，是您的学生吗？"

芗老说："是你同门师兄。"

到了天津，我父亲拿着礼物前往拜会刘师兄。

见面后，刘师兄问："你跟谁学的？学了多少年了？"

我父亲回答："我的老师是王芗斋，才学三年多。"

刘师兄提出要听听我父亲的劲儿。我父亲推辞不掉，只好跟刘师兄推推手。推手过程中，刘师兄双臂把我父亲的双臂分开，我父亲中门大开。就在刘师兄直步向前朝我父亲"中线"进击的时候，我父亲很自然地把跟随芗老练习走步时骤停的方法运用了出来。他双臂一拧，一扣一合，劲力指向刘师兄面门，一个前后争力的发力，将刘师兄摔了出去。

我父亲赶紧把刘师兄扶了起来。刘师兄感慨地说："师弟啊！我练了三十年，不如你跟王芗斋师叔学了三年的。还是师叔的功夫高，东西好。你明天来，得给我好好说说师叔是怎么教你的，你是怎么练的。不过我觉得你还有欠缺，师叔说，双手不离面前一尺七八，你都中门大开了，这不是师叔教的功夫。"

第二天我父亲再去，刘师兄因病没能相见。

回到家里，我父亲向芗老说了见到刘师兄的经过，芗老笑了。当我父亲提到"师叔说，双手不离面前一尺七八，你都中门大开了，这不是师叔教的功夫"时，芗老反问我父亲："我多会儿跟你说过'不离一尺七八'了？ 任敌千差万异，'一惊'而即败之。"

"一惊"即是在"不期然而然，莫知至而至"的刹那迸发出的浑元争力，亦即"爆炸力"。

芗老的"听力"

芗老迁居我家后的一天早晨，芗老到我父亲房里，问我父亲："夜里有客来访，知道吗？"

我父亲说："是吗？谁来了？"

芗老说："夜里我正睡觉，听到有人从东南边高处到了南屋房上。我起身，拿放在门后边支窗户的棍儿的时候，不想碰到了放在门边的脚盆，出了响动。开了屋门，南房上有一个黑影往西去。我看着他从南房上到了你屋房上。我想，他要下来，就给他一棍儿。结果来人没从西房上下来，一直往西去了。原来是个'过路的'。我以为都到你房上了，你会听见。你没听见，那还得站（桩）。"

这之后，芗老开始教我父亲站桩时"听力"的方法。

芗老的自传

芗老定居北平后，一些学生和朋友多次请芗老写自传，把自己的习拳经历如实地写出来，留给后人，芗老一直不同意。

大约在 1940 年前后，大家再次敦请，芗老仍以没时间为由婉拒。大家商议后提出：自传由芗老讲述，请人记录、整理成文，芗老同意后再定稿。最终芗老同意了这个方案。

找谁记录、整理？经过一番商讨，大家决定让姚宗勋师伯去请李寿民先生。李寿民先生是记者，笔名"还珠楼主"，曾创作《蜀山剑侠传》等著名仙侠小说，十分仰慕芗老。

当时李先生正跟随姚师伯习拳，姚师伯跟他一说，他就欣然同意了。没想到李先生第一次把整理的稿子念给芗老，念了不到一半，芗老就又摇头又摆手说："别念了，别念了！我叫王芗斋，我是人，不是妖怪。你走吧，别来了！"

芗老把李先生轰走之后，再没人提让芗老写自传的事了。芗老就把写自传这事嘱托给了我父亲。

芗老对我父亲说："还是你给我写好。我怎么说，你怎么写，写出来的是我王芗斋这个人。"

从此，芗老经常给我父亲讲一些自己的经历，我父亲就记下来。芗老讲的时候，有些事情只说事，不讲时间、地点和相关人的姓名。我父亲问，芗老说："我该说，就会说；我不说，你问也不说。"

我父亲说："老师，您不说，事情就不完整了。"

芗老说："我说的，是我的经历。说事，是让大家明白道理，对方自己知道，别人不知道。说得那么细，大家都知道对方是谁了，都知道他不行，他还怎么教徒弟，拿什么养家糊口？咱们可不能做砸人家饭碗的事。"

王玉祥师伯等根据芗老和大家说的一些经历，写出了《王芗斋生平大事记》，使我们这些后辈对芗老的习拳经历有了大概的了解。但《大事记》对许多事情的记载很简要。芗老为了让我父亲写好自传，曾把很多事的经过讲得很详细。有关这部分，我将在以后补充。

行站坐卧 不离这个

芗老在我家居住期间，我家四代人和一些亲朋好友都跟芗老学站桩。我家还一度成了芗老教授站桩的"场地"。

芗老教人，采取的是"因人而异，因人设式，因人施教，扬长补短"的启发式教学方法。芗老反对填鸭式教学，在教学中，他极少讲"这是什么桩"，而是说"站站这个吧"，然后做示范。习者学着站，芗老再给调整。很多桩的名字都是学生在学习中自己起的（主要是单独教授的桩法，如弹跳桩、精神放大桩、增力桩等）。

芗老在教我曾祖母的时候，以坐桩、扶按桩、搭扶桩为主；我母亲要照顾我（我当时两岁多），还要给我和哥哥洗衣服、做饭，芗老就教我母亲躺桩和扶按桩；教我父亲和姑姑以站立式为主；教哥哥和我的时候，就是给我们摆个姿势，让我们站着。

虽然芗老教我曾祖母和我母亲的都是坐桩、扶按桩，但由于年龄不同，意念、方法也就不同，效果自然也不同。

《意拳正轨》："殊不知真法大道日用平常之间。"

芗老说："站桩是'生活'的一部分，行站坐卧，不离这个。"

不知吾道千年后 参透禅关有几人

1947 年芎老从我家迁出的时候，送给我家每人一份纪念品，还留给我父亲几十篇记录他主要经历的诗、词、歌、赋、短文以及一些习拳心得的笔记。

世事沧桑。在那场史无前例的运动中，我家被抄家，"落了片白茫茫大地真干净"。到如今，纪念品只剩下芎老赠送给我姑姑，我姑姑又转送给我的一方明代嘉靖年间的"石涛砚"。

在芎老留下的纪念品中，我印象比较深刻的是芎老的一首诗和为这首诗配的一副对联。

某天，我父亲照例到了芎老屋里。芎老见我父亲来了，指着书桌上放着的一张墨迹未干的纸说："你看看吧。"

纸上是一首诗，一气呵成，没有标点。诗曰："拳法别开一面新筋含劲力骨存神静如伏豹横空立动似腾蛟挟浪奔气若长虹犹贯日欲将大地腹中吞风云叱咤龙蛇变电掣雷轰天外闻吐纳灵源包宇宙陶熔万物转乾坤不知千年后吾道再参透禅关有几人。"

我父亲看了好一会儿说："老师，您前边写的是七言，怎么最后又成五言的了？"

芎老说："是吗？我随手写的，你给改改吧。"

我父亲说："老师，您看是不是把最后'不知千年后，吾道再参透，禅关有几人'改成'不知吾道千年后，参透禅关有

王芗斋赠与程志灏的诗文和对联

几人'？"

芗老说："好，就这么改吧。"

我父亲说："那您就重新写一幅吧。"

芗老说："累了，明天再写，改过来是咱爷俩的。"

我父亲说："老师，这可不行，您的就是您的。把这幅送给我吧，我叫他们裱好挂起来，能天天看着，体会体会。"

芗老说："拿走吧，做个纪念。你想裱起来，我再给你配个对子。明天写给你，一块儿裱好再挂着。"

第二天，芗老把配的对联给了我父亲。上联是"神如天马横空立"，下联是"意似云龙物外遊"。我父亲叫同懋增纸店裱好后，一直挂在自己屋里。1958 年后，这幅对联就一直挂在我屋里。

过了这么多年，再看芗老的这首诗和对联，我深刻地感觉到，这是芗老对自己拳学的高度总结，点明了这个"特殊拳学"的本质，弥足珍贵。

不劝道

我舅舅 20 世纪 40 年代在汇文中学读书的时候，是北平市体操队和冰球队的成员，身体素质不错。我父亲师从芗老后，我母亲就动员我舅舅和我父亲一起跟随芗老学习。

我舅舅说："像个傻子似的在那儿戳着，没用，我不学。不如体操跟冰球好。"母亲说服不了他，就让我父亲去说，也说服不了。我母亲爱弟弟心切，就和父亲一起求芗老，想让芗老跟我舅舅说说，让他跟着学站桩。

芗老对我父母说："我不劝道。来学的人要有诚心、信心。他自己对这个没认识，怎么劝也没用。即便学，也是心不在焉，学不好。等等吧，他明白了，自己就找来了。他来，我就尽心教；不来，也别劝。"

我舅舅一直没学，但他对芗老很尊敬，还跟姚宗勋师伯成了莫逆的"酒友"。在一起吃饭，他跟姚宗勋师伯每人都得喝一斤多白酒。

一次，我舅舅跟姚师伯到廊房头条吃褡裢火烧，两个人也不知道喝了多少，出了门慢慢往东走。姚师伯走路歪歪扭扭，身子向胡同北墙歪斜的时候，我舅舅怕他撞在墙上，就赶紧用手拉他的右臂。谁想刚触到姚师伯的右臂，就觉得脑袋"嗡"的一声，自己被撞到南墙上了……

第二天我舅舅跟我父母说了这事，我母亲说："你也跟老师（指芗老）好好学啊。"我舅舅说："我学不了。"

我父母跟我讲这段往事的时候，母亲说："你姚大爷的功夫真跟你师爷爷说的，到了'不知其然而然，莫知至而至'的地步了。"父亲对我说："你姚大爷的反应，就是你师爷爷说的'锻成触觉活力之本能'的反应。没有深厚扎实的站桩功夫，做不到。你要好好学，好好站桩。"

我舅舅一直没跟芗老学。晚年躺在病床上后悔了，说："我要跟王先生学了，就不会在这个岁数得这个病了。"

我舅舅去世比我母亲早很多。

学习站桩，要有诚心、信心，要"饮食有节，起居有常，不妄作劳"，万不可酗酒。要爱惜自己。一个连自己都不爱的人，不可能爱他人，更不可能爱众生、爱万物。

芗老的"遗嘱"

芗老对土葬持反对态度。他对我父亲说:"中国就这么大的地方,世世代代都土葬,还随葬那么多东西给死人,不好。这是死人跟活人争地盘,争用品,多少年后,活人都生活在死人的白骨上,物品也不能用了,浪费,不好。还是日本的火葬好,人死了一烧,小坛子一装,爱埋就埋,不埋搁在家里,不占地方,不毁坏东西。要学日本的丧葬风俗。"

我父亲一听要学日本,心里不高兴了。可是怎么才能改变芗老的认识呢?他想了想说:"老师,日本是个岛国,地方小,没有土葬的条件。再说,日本的火葬也不好,骨灰坛子多小,也得占地方,多少年后,还是活人生活在死人骨灰上;把死人的骨灰摆在家里,也不吉利啊。何况火葬也得用木头,用汽油,还是浪费。这不如欧洲一些国家好,人死了,把遗体捐献给医院做研究;死了还能为活人谋利益。"

芗老一听,说:"是吗?死人为活人谋利益,这个好。我死了,就把我的遗体捐给医院,让他们研究研究我的脑子,为活人服务。你记住了,这是我的遗嘱,见到宗勋,你跟他说。他来了,我也跟他说。"

把遗体捐出来供医学研究,这是芗老的"遗嘱",也是他老人家的心愿。这个遗嘱只有我父亲跟姚师伯知道。可惜芗老在天津病逝时，我父亲正在住院，姚师伯在北京，知道芗老这个遗嘱的两个人都不在现场，以致芗老的愿望未能实现，实为遗憾。

就得好好教育教育他们

一天，姚宗勋师伯跟我父亲正在芗老屋里跟芗老说话。突然屋门被踹开了，三姑哭着直奔里屋，抱着钱师奶就大哭。

大家都一愣，这种情况从来没有过。每次三姑从外面回来，进屋先叫芗老："老爸爸，我回来了。"然后叫屋里的每一个人，脚步很轻地到里屋跟母亲说话。

芗老问："三儿，怎么了？出来说说。"问了几次，就听三姑在屋里哭着说："就是你，就是老爸爸不好。"

芗老、姚师伯、我父亲一愣，都不说话了，气氛顿时非常沉闷。

这时屋外有人轻轻地敲玻璃，我父亲回头一看，是给我家拉包月（旧时富裕人家往往自购人力车，雇专人包拉，称为"拉包月"）的老葛。

我父亲出屋，问："老葛，有什么事？"

老葛说："三姑娘让人欺负，受委屈了。"

我父亲一听，赶紧问："怎么回事儿，你好好说说。"

老葛说，他拉着车走到崇文门外兴隆街东口的时候，看见围着很多人，就放下车挤进去看热闹。进去一看，是三姑在那儿站着，很生气地指着躺在地上的四个人在说什么。三姑前面的两个人揉腰，后面两个人揉脚，都起不来。他赶紧挤到三姑身边说："三姑娘，怎么啦？"三姑一看是他，说："老葛，他们欺负我。"他一听气急了，上去就照着躺在地上的四个人的屁股狠狠地各踢了一脚，说："瞎了你们的狗眼！敢欺负三姑娘，也不看看这是谁！这是王苇斋的三闺女，你们也敢欺负！我叫你们欺负人！"他一边说，一边踢这四个人。这时候，人群里有人说："这回遇上硬的了。""原来是王苇斋的闺女啊，怪不得那么厉害呐。""好，好，打得好，狠狠地打，叫他们欺负人，就得打。"他跟三姑说："三姑娘，犯不着跟这帮小子们生气，走，咱们回家。"

他拉着三姑回家的路上，三姑和他讲了这事的经过。三姑说："我从城里回家，走到东单广场（现东单公园）的时候这四个人就跟着。我快走他们也快走，我慢走他们也慢走。到了崇文门那边的桥上，两个人窜到我前面，他们撞我、蹭我、摸我，过了桥，四个人把我围在中间，跟得越来越近，我怎么躲也躲不开。走到花市大街口的时候，他们跟我要流氓，我实在躲不开了，就瞅准机会，一个后发力跺在身后两个人的脚上，他们立时就躺在地上了。我借劲又是两个前冲发力，打在前边两个人的腰上，他们也躺下了。你来的时候，我刚把他们打躺下不大一会儿。一会儿到家你跟我老爸爸说，是他们先欺负的我，不是我先打他们的。"

最后老葛跟我父亲说："您跟老爷子说，是三姑娘先受的委屈，别怨三姑娘打他们。"

进了屋，我父亲把这事的经过和芗老、姚师伯说了。

这时候三姑哭着从里屋出来，冲着芗老说："就是你，老爸爸，叫你闺女受人欺负。老爸爸，你不好。"

姚师伯听了以后说："三妹，你躲不开，不会跑吗？我们遇到这种事，老头儿都叫我们跑，躲开他们，不能打。可也是，你跑不过他们。"

我父亲说："老师，遇到这种事，该自卫就得自卫，该出手就得出手，不能跑。"

姚师伯说："现在社会上乱极了，眼看着不少大姑娘、小媳妇让这些地痞流氓欺负，帮不上手，生气、着急。"

我父亲说："现在老实人受气，坏人横行，没人管，真苦了老百姓了。"

芗老低着头，听着三姑、姚师伯和我父亲一句接一句地说。

过了一会儿，芗老说："不能叫老百姓受这些人欺负，就得好好教育教育他们。"

芗老的这句"就得好好教育教育他们"，成了芗老学生进入社会的动员令。

有一个时期，芗老的学生看到有地痞、流氓欺负人就果断出手，把地痞流氓打得屁滚尿流。行人看到有人被欺负，就大喊一声"大成拳来了"，经常吓得流氓撒腿就跑。

大成拳走向社会，因三姑王玉白被流氓欺负而起。在那个老百姓受欺负，政府不管也管不了的混乱时期，芗老的原意是保护老百姓，教育欺负老百姓的坏人。可是好事也能变成坏事。虽然"大成拳厉害"成了当时北平社会的共识，也震慑了不少地痞流氓；但一些狡诈的坏人，借着大成拳的威名做了不少坏事，个别芗老的学生有时也不问青红皂白就大打出手。这些都给芗老和大成拳造成了不好的影响。人们对大成拳有比较复杂的看法，这也是事实。

好男儿志在四方

我父亲不想继续在中国学院上了，想学工业。恰好当时天津纺织训练班招生，我父亲就想去天津。曾祖母反对我父亲到天津求学，要父亲继承家业，我父亲不愿意，这就跟曾祖母发生了矛盾。后来矛盾很尖锐了，曾祖母说："你一定要去天津求学，你就去，家里就不管你了。"

我父亲向芗老请教。芗老说："好男儿志在四方，有志者事竟成。"

我父亲询问我母亲。我母亲说："老师说了，你想去，就去。家里有我，别惦记。"

在芗老的指导和我母亲的支持下，我父亲考上纺织训练班，从此走上了从事工业生产的道路。

我父亲临走前，芗老对我父亲说："到了天津，好好学习，好好练拳。没有搭手一震就把对方后脖筋震断，使对方立即丧失战斗力的功夫，不要跟不相识的人推手。"

1947 年我父亲离开北平到天津求学，与芗老接触的时间就少多了，只有回北京开会才能抽出时间看望芗老。新中国成立后，我父亲留在了天津市国棉六厂工作。1958 年我中考结束后，父亲叫我和哥哥跟随芗老学习站桩，直到 1961 年芗老应河北省卫生厅段慧轩厅长之邀，到保定任职止。

1962 年，我父母得知芗老在天津三姑家中养病，这才又经常与芗老见面。

死后留名

1961 年，我父亲从天津来京，到中山公园看望芗老。时近中午，父亲问芗老想到哪儿吃饭。

芗老说："找培炎去吧。"

张培炎是芗老的学生，前门大街鲜鱼口里兴华园浴池的私方经理。

他在便宜坊烤鸭店请芗老和我父亲吃饭。席间，两人见芗老情绪低落，便出言询问。再三询问之下，芗老讲了缘由。

朱琏，女，汉族，字景雩，号行书，曾任卫生部妇幼司副司长，中央防疫委员会办公室主任，中国中医研究院（现中国中医科学院）副院长、针灸研究所所长等职。她早年师承民间老中医任作田学习针灸，一起拜师的还有鲁之俊（后为中国中医研究院首任院长）等人。

1958 年，朱琏慕芗老之名，邀芗老在中国中医研究院广安门医院开设以站桩治疗各种慢性病的诊室，芗老让学生李见宇协助自己工作，为解除患者痛苦、恢复人民健康做出了贡献。

1961 年，正值"三年困难时期"，广安门医院裁员，李见宇师叔被院方留用，芗老则被辞退。

芗老为自己的志向不能实现而痛心，也为没了工作、失去生活来源而苦恼。

我父亲对芗老说："老师，想开点吧。历史上凡有大成就者，都是死后留名。我看，您也是死后留名。"

芗老说："啊！'死后留名'？是，死后留名。"

我父亲的话，对芗老触动很大。芗老情绪有所转变，师徒三人开始有说有笑。

这一年，河北省卫生厅的段慧轩厅长邀请芗老到河北省中医研究院任职，享受研究员待遇，并派吴振法、何文等人跟随芗老学习并整理芗老的拳学。芗老先后叫二姑王玉芳、学生何镜平当助手，开展工作。

1962 年，在保定召开的河北省气功学术会议上，芗老表演"试力""发力"时，会议室地板为之震动。与会者咋舌，惊询芗老从何处来。段厅长说："这是我从北京'垃圾堆'里捡来的。"芗老笑而不语。可惜这一年，芗老因脑血栓导致半身不遂，只得回到天津三女儿家养病。河北省中医研究院对芗老仍按研究员待遇待之。

天津养病

我女友家在保定。她因病回家探亲期间，我希望她到河北省中医研究院看望芗老。结果去了之后院方告诉她，芗老因病到天津黄家花园三女儿家养病了。

回京后，我女友把这事告诉了我，我随即把这个消息告诉了父亲。父母知道后，就在休息日前往三姑王玉白家中看望芗老。

我父母看到芗老躺在床上的病态哭了，芗老见到我父母也落泪了。

在跟芗老和三姑聊天的时候，我父母得知：家中只有芗老、三姑和三姑的小儿子王梅，三姑白天要上班，小梅白天也要上学，芗老生活不能自理，三姑下班或小梅放学回家后才能照顾芗老，白天芗老只能一人躺在床上。

鉴于这种情况，我父母商议后征得芗老、三姑同意，此后每天白天由我母亲到三姑家照顾芗老生活，三姑或小梅回家后，我母亲再回家料理家务、照顾孩子。

我命在我不在天

芗老病中，常有学生和友人前来看望，敖硕鹏师伯来的次数比较多，一些医生也常前来为芗老诊治。

一位擅长"竹管疗法"的大夫给芗老针灸，刚消毒，芗老就喊疼，我母亲说："老师，这是消毒，还没扎呢，疼什么疼？别这么邪乎。"芗老说："还没扎呢？不疼。"我母亲说："不疼还喊疼？怎么跟小孩子似的？真是个老小孩。"芗老问："怎么还没扎？"我母亲说："疼吗？"芗老说："不疼。"我母亲说："扎完了。"芗老也笑了，说："扎完了？不疼。"

三姑下班回来了，我母亲把这事跟三姑说了。三姑说："老爸爸就这样。老爸爸说他们扎得不对，不扎比扎错了好，自己又动不了，一喊疼就不扎了。这回让师嫂你说的，还扎了，不容易。"

一个周日晚上，我父亲正和芗老、三姑聊天，来了一位天津的名医。这位医生对芗老很尊敬，说："王先生，我能把您的病治好。我希望治好您的病以后，您收我当学生。"

芗老当即说了一句大家都没听清楚的话。

这位医生问三姑："王先生说的是什么？"

三姑回答："老爸爸背唐诗呢。"

这位医生看着我父母问："这两位是谁？"

三姑说："老爸爸早期的学生。"

这位医生看着我父亲说："你能跟王先生学，有福气。我说句你不爱听的话，你要记住了。你快有一场大病了，不死也得扒层皮；过了这场病，还有一难，能过去，可以活过八十，信不信由你。"

当时我父亲不到四十，身体很好，参加的一项国家级科研攻关项目也快要完成了，心想哪有什么"病"什么"难"的？就没搭理这位医生。

芗老又说了一句大家听不清的话。

这位大夫又问三姑，芗老说什么呢？三姑说："老爸爸爱背唐诗，没听清又背哪首呢。"

过了一会儿，这位大夫告辞走了。

我父亲问："三妹，这人是谁？老师说什么呢？"

三姑说："是个中医大夫，来了几次了。说自己很有名气，能把老爸爸的病治好，但是有个条件，要老爸爸收他做学生。老爸爸烦他。老爸爸先说的话是，'治病还要条件，不是好人，叫他走'！听他说你有'病'有'难'的时候，老爸爸说，'我命在我不在天'。这两句我要说出来，他下不来台，就说老爸爸背唐诗呢。"

没过几个月，我父亲病了，芗老还把姚海川师伯从北京叫来，让他给我父亲看了看。后来我父亲病情日益加重，就住进了天津市第二中心医院。

　　住院期间，院方接连下了三四次的病危通知书。单位领导多次找到院方，请求院方想方设法抢救我父亲的生命。最终在院方的治疗下，我父亲的病情逐渐好转。经过我父母多次申请、交涉，院方才同意我父亲 7 月 12 日暂时出院，回家休养。这一天，芗老在天津市第一中心医院与世长辞了。我父亲没能见上老师最后一面，这成了他终生的遗憾。

又把张舅摔了个大跟头

张奎元，人称"大老九"，是全国重量级摔跤名家，也是芗老的学生。很多重大比赛前，张奎元在研究对手后想不到取胜方法时，就来向芗老请教。

这天张师叔又来了。三姑、我母亲、小梅进了里屋，外屋只有躺在床上的芗老和前来请教的张师叔。

没多大工夫，就听见外屋"咣"的一声。小梅说："爷爷又把张舅摔了个大跟头。"

三人出了里屋，看到张师叔跌坐在床对面的墙边。过了一会儿，他站起来走到床前，向芗老深深鞠了一躬。芗老问："明白了吗？"张师叔点了点头。芗老摆了摆手（意思是"走吧"），张师叔于是告辞离开。

三姑对我母亲说："他张舅（指张奎元）每次来，准是要参加重大比赛，向老爸爸问劲儿来了。来了以后，他把对手的特点、强项详细地跟老爸爸说完，老爸爸就会叫他到床前，伸出好手（芗老半身不遂）在他的身上一按一捋，就把他摔到对面墙边上。他张舅要不明白，就再摔一次。明白了，他张舅就向老爸爸鞠一躬，回去练习了。"

小梅说："张舅每次来，都被爷爷摔个大跟头。"

我母亲心说：老师用的什么功夫，病着躺在床上还能把人摔出去?

　　不可想象。不是亲眼看到、亲身经历的人,谁相信?

　　1999 年,赵华舫师伯讲:"'无论坐卧,一触跌人丈外,是中乘之境',你想想,你师爷爷说的那个上乘之境是什么?"

增力桩与躺桩

我母亲平时白天来照顾芗老，到了周末父亲休息，就和母亲一起来。

一天，芗老教了我父亲增长功力的桩法。他让我父亲站好浑元桩，然后告诉我父亲怎么调整，有时候我父亲自己调整不到位，芗老就用好手拿着一个小棍儿帮他调整。调整好之后芗老讲要领，让我父亲坚持练习，说："这个桩能较快地增长功力。"

我父亲患病期间，魏玉柱、武国忠、金桐华和我一起到天津看望我父亲好几次。一次，我父亲坐在轮椅上说起了芗老教他这个桩的往事，说："这是你们师爷爷教给我最后的桩，长功力很快。我管这个桩叫'增力桩'。等我好一点，能站起来了，你们扶着我，我站给你们看。你们学着站，我给你们调整。光说不行。到时候让程岩叫你们来，教给你们。"

遗憾的是，我父亲一直没能再站起来。

我不知道谁还得到了芗老传授的这个桩，希望能写出来，最好有正、侧面的照片，别让这个桩法失传。

我母亲还跟魏玉柱、武国忠、金桐华说了这么一件事。

在她照顾芗老期间，芗老发现她的右臂不能自主地抬起来，问是什么原因。我母亲说："老毛病了，抬右胳膊的时候得用左手提着或托着才能抬起来，中医、西医看了不少，有的说是神经麻痹，有的说是脊髓空洞症，有的说是经络不通，说什么的都有，都没治好。"

芗老说："练练躺桩吧，我告诉你。"

每天吃完午饭休息的时候，芗老叫我母亲在他床边的地上铺上报纸，指导我母亲练习躺桩。芗老时不时地用小棍儿给我母亲调整姿势。练了不到一星期，我母亲右臂开始疼，越练越疼，疼得受不了，都不想练了。可是她每天必须照顾芗老，芗老近似强迫地叫我母亲练。就这样，在芗老的监督和指导下，经过不到一个月的时间，我母亲的胳膊就完全恢复正常了。

敖硕鹏师伯知道了此事，好几次到家里问我母亲芗老怎么教的，我母亲怎么练的。我母亲说不明白，于是躺在床上给敖师伯做了示范，然后说："老师叫什么都别想，放松地、微闭着眼这么躺着。他时不时地拿一根小棍儿拨拉拨拉这儿，拨拉拨拉那儿，有时候按按这儿，有时候抬抬那儿，每次都不一样。在老师跟前，我不敢不练。就这样，不到一个月就好了。"

之后直到我母亲 2005 年病逝，这毛病都没再犯。

芗老的病日见好转，能下地浇花了。

我母亲说："老师，你再好好，我就跟三妹说，把你接到我家，好好调理调理，我也能管管家跟孩子了。"

芗老说："好。"

一天，芗老跟我母亲和三姑说："我跟富恩说了，认她做干女儿和学生，她答应了。你跟来的学生都说说这个事。等我再好好，把宗勋跟北京的学生叫来，和天津的学生凑一块儿，举行一个认富恩的典礼，大家热热闹闹的。"

三姑跟天津的一些学生说了芗老收我母亲为义女和学生的事后，大家不再叫我母亲"弟妹""师嫂"，而是叫"师妹"了。

一天，我母亲带着我九岁的弟弟来照顾芗老。1960年我跟芗老学站桩的时候，曾带着弟弟到中山公园看望芗老，芗老给他调了站桩的姿势。那天芗老看他站了站桩，又给他调了调。

我母亲要告辞，芗老说："宝啊（指我弟弟），爷爷给你个玩意儿。"他叫小梅到楼下拿出一把刀，说："送给你吧。"我母亲不叫要，芗老又叫小梅换了一把剑，我弟弟摇头说："不要。"芗老说："你都不要。我教你练剑，你要不要？"我弟弟点头说："要。"于是芗老教了我弟弟练剑的基本方法。后来，我母亲把这个方法也告诉我了。

芗老最后的日子

1963 年 7 月初的一天，三姑告诉芗老，保定那边把工资和各种购物票都寄来了，已经收到了。

芗老叫三姑去买肉，对我母亲说："别走了。我想吃你烙的'回头'了，一块儿吃完再走。"

我母亲说："老师，明天吧。我还得回家给孩子们做饭。"

芗老说："别走。"

我母亲没办法，只好等着三姑跟小梅把肉买回来，给芗老做完饭才回家。

芗老吃得不少，快吃完的时候还来了一位老朋友，芗老叫他一起吃，他没吃。

我母亲做完饭就急着回家了，这位老朋友还跟芗老说悄悄话。我母亲到家，一看孩子们已经吃完饭要睡觉了，就问："你们吃的什么？"我三妹妹说："小梅送来了十个热烧饼，我们就着咸菜都吃完了。"

我母亲心说，怪不得吃饭的时候没看见小梅呢，原来他去排队买烧饼给送来了。

第二天早上我母亲到了三姑家，一推门就愣住了。家里没人，芗老也不见了。正在着急的时候，小梅回来了。

他看见我母亲，哭着说："舅妈，爷爷在医院呢。"

"怎么回事儿？"我母亲着急地问。

"爷爷晚上犯病了，挺厉害，送医院了。"

"在哪个医院？"

"总医院。"

"走，带我去。"

在路上，小梅告诉了母亲芗老病倒的经过……

到了总医院急诊室，小梅指着在急诊室走廊靠墙的一副担架说："爷爷在那儿，等着住院呢。"

我母亲一看芗老躺在担架上的样子，眼泪一下子流出来了。

三姑上班了，小梅上学去了，只有我母亲陪着芗老。

我母亲到急诊室问大夫，什么时候能住进病房？大夫说，刚才就叫了，没人，给你住院通知，快办手续吧，办完手续找我。

住院登记处一位上了年纪的工作人员给办了手续，是普通病房。我母亲拿着办好的手续转身向急诊室走，刚走出几步，就听那位工作人员大声地喊："王芗斋的家属，回来！"我母亲回到住院登记处的窗口，问："您还有什么事？"

这位工作人员问："病人是叫王芗斋吗？是这三个字吗？"

"是啊。"

"是河北省中医研究院的那个王芗斋吗？"

"是啊。"

"请您等等。"

这位工作人员打了一个电话说："请您稍等一会儿。"

不大的工夫，就见来了好几个穿白大褂的人，站在住院登记处前问："哪位是王芗斋的家属？"

"我是。"我母亲回答。

一位穿白大褂的大夫向我母亲介绍了来的人，有院长、书记、主任、医生等。

院长说："很对不起，我们刚知道王芗斋先生来了。"他转身对主任说："快，安排特护病房，组织抢救……"

经过抢救，芗老的病情平稳了。

芗老对我母亲说："我要走了。"

我母亲说："您走哪儿去呀！您走了，我怎么办？还没举行典礼呢，谁认我是你的干女儿跟学生啊？"

芗老"唉"了一声，不说话了。

院方领导提出，把芗老转到天津市第一中心医院，因为那里的医疗条件比总医院好。于是芗老转到了天津市第一中心医院。三姑、小梅和我母亲轮流看护芗老。

芗老犯病的频率增加了。他每天都跟我母亲说："我要走了。"我母亲怎么说、怎么劝，芗老都不说话了。

我父亲住在天津市第二中心医院。我父亲知道芗老病重住院，就要前去看望。经过申请，医生和院方同意他 7 月 12 日暂时出院，回家疗养。

我母亲跟我父亲说："我先跟老师说你要来看他，让他心里有个准备，免得看见你一兴奋出问题。老师有了心理准备，我再接你出院，直接去见老师，然后再回家。"我父亲同意了。

7月12日，我母亲到了芗老的病房，一看空荡荡的，惊愕住了，缓过神来，明白芗老走了。

到了太平间，三姑、小梅还有几个学生、朋友在。

我母亲问三姑："医生说是什么病？"三姑说："脑溢血。"

我母亲心想：得的是脑血栓，怎么会是脑溢血呢？就去问医生。

医生回答："王芗斋先生脑血管突然大面积爆裂，抢救无效……"

1963年7月12日，芗老在天津市第一中心医院走了。芗老的遗体火化了，没能遵从他的遗嘱捐献给医院做研究。

我母亲接我父亲回家后说起芗老火葬的事，我父亲长叹了一声说："唉！当时我跟姚师兄都没在，别人不知道老师的遗嘱，姚师兄要在就好了。"

1943年到1963年，整整二十年的缘分，就这样随着芗老西去而远去了。

父亲跟芗老二十年的缘分，或者说是两家近半个世纪的缘分（从芗老与郭东初老先生结为忘年交算起），说不完，也说不清。惟有长留心中，常常回忆、回想个中无穷的理趣和快乐。

第二章

◎

芗老教我练站桩

芎老在空中画了一条直线，对我说：『一边是松，一边是紧。

松、紧方向相反，大小相等。地球是圆的。

松、紧如线条般无限延长，最后都是半圆形，交汇的那个点上，「松即是紧，紧即是松，松紧不二」。琢磨琢磨吧。』

"桩，只有一个，也可以说有无数个。任何瞬间的停顿都是桩法。缺什么用什么桩补。"

芗老说的这个桩，即"基本桩"。

1926 年，芗老"倡导意拳，举意字以概精神"。

1929 年的《意拳正轨》，芗老阐述的是"技击一道"。其中指出："盖初学时桩法颇多，如降龙桩、伏虎桩、子午桩、三才桩等，兹去繁就简，采取各桩所长，合而为一，名曰浑元桩。"

浑元桩是诸多技击桩法的"归一桩"，也是习拳的基础桩。

《拳学新编》阐述的是"拳学一道"，其中系统地阐述了关于拳的学问和浑元桩的练习步骤、内容和方法，揭示了"拳者，乃拳拳服膺之谓拳，动静处中，能守能用，此皆尽吾人气质本能之道"和意拳"环中之奥里，争力之作用""在十字当中求生活"等诀窍。

1937 年，芗老思想发生重大转折。至 1944 年，芗老完成了他的成熟之作——《拳道中枢》。

芗老谨遵恩师郭老云深"利己利人"之训，面对"国民积弱，事事多不如人，病亦在此"的社会现实，深感"一人强，

不是强；全民强，民族强"。他站在中华民族传统文化之根
本——"道"的高度，"本四十余年习拳经验"，突破"世之所
见一般为之拳"的固囿，深刻揭示了拳的核心，开创了"别开
一面新"的"特殊拳学"。

《拳道中枢》就是这一"特殊拳学"的集中体现。

《拳道中枢》给"站桩"下了定义："站桩，即立稳平均之
站立也。"并且明确指出："初习为基本桩。"

这是芗老第一次提出"基本桩"的概念。

基本桩并非某个具体桩法，而是一个"重在精神、意感、
自然力之修炼"，"认识自我""改造自我""空洞无我"的完整
修习体系。这个体系是以"规矩之法则"调整自己的身心息，
达到"祛病、养生、强身、筑基、益智"的效用，是"全民拳
学""生活拳"，浑元桩、养生桩都包含在其中。

这个体系主要包括站桩、试力、摩擦步、推手等内容。其
中站桩又包括站、坐、卧等桩法，主要是平步桩、矛盾桩、放
大桩等。

万事起头难。

基本桩的第一步最难。所以芗老说："习时须首先将全体
之间架配备安排妥当。"

站桩、试力、摩擦步、推手的每一步都是下一步的基础，
或者说每一步都是之前的深入。这就是"安排妥当"。

"间架配备"即我们所说的"姿势"，这是基础。

姿势应体现出习者的精神、意感、生理和心理状态，要有利于本能活力的恢复。只有姿势"妥当"了，才算入了基本桩的门儿。

下面我就谈谈芗老教我练站桩的经过。

还得找你们师爷爷去

1958 年，我中考结束后，在家等通知。

一天，父亲从天津到北京汇报工作，傍晚回家看望曾祖母。看见我和哥哥正在院子里耍刀弄剑地玩儿，他没说话，进了曾祖母房间。

看到父亲来了，我和哥哥也不玩了。我们洗了脸，到了曾祖母房里，问过父母安好后，就跟曾祖母、父亲一起说话。

父亲问："你们练什么呢？"我说："我练的是五虎断门刀。"哥哥说："我练的是太极剑。"父亲问："跟谁学的？"我们说："跟宋妈学的。"

宋妈是我家的佣人，五十岁左右，身体很好。据她自己说，她年轻的时候习武，看我哥俩喜爱武术，没事的时候，就教我们练。

父亲说："好，对身体有好处。你们要真想学，还得找你们师爷爷去，跟你们师爷爷学。"

我们一听能跟师爷爷学，都高兴得不得了，说："太好了！我们学，我们学。"

父亲说："你们到中山公园唐花坞前去找你师爷爷，就说我叫你们去的。"

曾祖母说："跟你们师爷爷学，要听话。怎么教就怎么练。

少说、少问，多动脑子、多练。你们师爷爷不喜欢光问、光说，不练、不动脑子的。"

　　我那时心想：跟师爷爷学会搭手就把人"发"出去的功夫，得多带劲儿、多好啊！

芗老帮我深呼吸

第二天早晨 7 点多，我和哥哥到了中山公园唐花坞南边，芗老已经开始辅导学员站桩了。我们问过师爷爷安好，说明来意，芗老就先把我哥哥带到南边小河旁的一棵大树下，教他站桩。

教完我哥哥，芗老把我带到唐花坞西南边的小竹林前，开始教我。

我面对竹林站好，芗老站在我面前说："先听我说，（站这个桩要）找一个有水、有树、清净的地方，饭前、饭后、睡前半

中山公园唐花坞

小时不要站，站桩前要排除二便，宽衣松带，朦朦胧胧地默对长空，遥望天边白云变化万千的景象，要平心静气、放松地站。"

我点头答应。

芗老说："跟着我说的调整自己，头直、目正、神庄、声静。"

芗老一字一句地说，我就按芗老说的调整身姿。

"再做做深呼吸。"

我依言做完了。芗老说："我帮你做做。记住了，两腿分开与肩齐，脚尖外分，呈外八字。"

转到我身后，芗老双手托住我腋下说："叫你吸气就吸，叫你停就停，叫你呼气就呼，随着我的手劲儿做。"

"吸气"，芗老边说边两只手托着我腋下"急速轻微震颤"着缓缓上抬，就像给我身体内外按摩似的。

"放松，脊柱随着我手劲向上挺拔，臀、腿不动。用鼻子随着我的手劲儿'静、慢、匀、长、细'地吸气。"

我的气吸足了。

芗老说"停"。

停了几秒钟，芗老说："呼气，可以用口鼻稍稍快一点把气'静、慢、匀、长、细'地呼出来，要呼净。"

呼气的时候，芗老的双手轻微震颤地从我腋下沿着两肋缓缓下行，仍然像从里到外给我身体按摩似的，全身随着芗老的手劲逐渐地从上到下地放松着。芗老的双手一直震颤着到我膝盖，向外、向下一甩，说："明白了吗？"

我光享受这个轻松、舒服的过程了，点了点头，没说话。

芗老说："再来一次。"

芗老又帮我做了一次深呼吸。然后双手放在我头顶上，沿着身体两侧，在距我身体一二厘米处缓缓下行至膝盖，向外、向下一甩；又从头顶开始，双手一前一后，沿着前胸和后背下行至膝盖一甩。

芗老站到我面前看了看，蹲下身子，双手扶按在我膝盖上轻轻地摇动了几下，自言自语地说了句"还行"。然后站起来对我说："看着我，跟我学。"

芗老站了平步撑抱桩（简称撑抱桩）的姿势。

我一看，心想：这个我站过，会。

我按以前站的姿势站好了。

芗老围着我转了一圈，说："我给你调调。"

调桩：间架与意念

芗老调桩的时候很少说话，给我全身这儿拽拽，那儿撑撑，这儿抬抬，那儿按按地调整了个遍。

舌如神龙搅水，齿若切金断玉。

将"上有绳吊系，下有木支撑"中的"绳"和"木"改换为"牛筋"或"弹簧"；调整相邻关节，从"钝角三角形"转换为"弓形"。

手要掌心内含，如握一纸球，指缝间也夹着小纸球。

拇指犹如钩住从天上垂下的一根绳子，意想"恨天无绳"，天若有绳，拇指一拉，也要把天拉下来；小指犹如挂着从地里伸出的一根带环的铁链，意想"恨地无环"，地若有环，小指一提，也要把大地提起来。相邻指关节从"钝角三角形"转换为"弓形"，手掌扣合时，要有"令天地打镲"的精神、意感。

腕须有前顶、后抱、上提、下压、外指、后拉的意感。意想从腕关节到肘关节的延长线是从地下伸出的一条牛筋，与肘关节相连，将小臂向斜后方牵拉；同理，从肩关节到肘关节的延长线是从地下伸出的一条牛筋，与肘关节相连，把大臂向斜前方牵拉；之前意想肘关节处有一根与地垂直的木棍支撑着，现在改换成由从天上垂下的牛筋牵拉着；意想腕与胸之间"由木支撑"的"木"变为"牛筋"，这样大臂、小臂和"腕与胸"

组成的"钝角三角形"就改换成了"弓形"。

通过改变上述意念，原来的"钝角三角形"转换成"弓形"，而且肘关节处有向上、斜前、斜后方的"牛筋"牵拉着。

全身各个关节处都须有肘关节处的这种状态。如此全身既处于"中正"，又有被牛筋牵拉着"欲动不能，欲罢不止，更有行乎不得不止，止乎不得不行之意"的状态。

调完间架，我既有一种全身的筋抻得紧绷绷的感觉，又有一种轻松、灵活，跟以前大不一样的感觉。

芗老还给我调整了"意念活动"："想着你身边有一棵刚出土的小竹苗，你跟它在大自然中无忧无虑地生长。三岁的小孩子都能把小竹苗拔出来，天天看，看不出什么；过个三五年，小竹子长高了，长粗了，两三个小伙子也奈何不了它了。竹，中空有节。先这么站个三五年的再说吧。"

给我调整完，芗老就指导其他人去了。我心里忍不住想：是不是以前站得不对？就这么站着，还得站三五年，这是练拳吗？什么时候才能教我练拳呢？

脑子里有这些问题，心就静不下来了。

按以前的姿势站，我能站个把小时；芗老调完，我二十分钟都站不到就出现了憋气、心跳加快、肩酸、腿抖的情况。只好不站了，在原地休息休息，活动活动，缓过劲再站。

芗老每次走到我身边，都给我调调、松松，说："这是'运动中的休息，休息中的运动'。别把站桩当任务，累了就歇会儿，不要累了还坚持，要放松。"

芗老还说："要精神放松。"

我心说：我连"放松"都不会，"精神放松"更不会了。

有一天，芗老说："你跟你哥哥到西山去玩，爬山爬累了，是不是看见桥上的栏杆，就双手搭在栏杆上，看着水里的游鱼歇一歇？是不是看见树就扶着树，看见合适的石头就坐下来，缓过劲儿再爬？爬山的时候，是紧张的；歇着的时候，身心就是放松的。"

芗老又说："休息的时候，站站这个。"于是教了我休息桩。

经过芗老的调整，我逐渐能站个半小时左右，时间再长就不行了。

一天，芗老走过来对我说："这是傻子的架式，聪明人的功夫。"又说："还得放松。要循序渐进，不能拔苗助长。"

我心说：您干吗教我傻子的架式，不教我聪明人的功夫啊？放松、放松，站桩的时候怎么放松？您倒是告诉我啊。

放松，看起来挺容易的，可是真到"站"的时候，怎么放松就不知道了。

这么练了几天，我琢磨着：是不是只要保持住架式，不多用力就是放松了？

于是我就这么站，能站个四十多分钟，可是身上的筋抻得紧绷绷的那种感觉没有了。

这到底对不对呢？

会写"一"吗

一天，芗老走过来问我："会写'一'吗？"

"会呀。"

"我说的是用毛笔写的'一'。"

"师爷爷，我小时候练过毛笔字。现在不时兴用毛笔了，都用铅笔跟钢笔了，我就不练了。"

芗老说："用钢笔画一横，拿尺子比着，用铅笔画一道，都念'一'，可是死板、呆滞。不如用毛笔写出来的带劲儿、经看、有味道。"

回到家里，我开始每天练毛笔字。过了将近一个月，父亲从天津来，看到我书桌上堆了一摞写满"一"的纸，说："练字呢？"我把芗老问我"会不会写'一'"的事说了。

父亲说："你师爷爷这是在教你站桩，是用写毛笔字启发你。你站的时候，准是'傻站''死站'。用钢笔、铅笔写'一'简单，画一横或者画一竖就行了。用毛笔写就不容易了，要会用笔、运笔的方法，里边的'意境、劲力'要体现出来。你师爷爷说'带劲儿、经看、有味道'指的是里边的'东西'，不是形式。你师爷爷看你没有里边的东西，就用写毛笔字启发你。站桩，不能傻站，更不能死站，不是叫你练毛笔字。"

再站的时候，我就把写毛笔字运笔的方法用上了，身体出现了轻微的晃动。

芗老走过来说："一想就对，一做就错，有那个意思就行了。"

芗老帮我松肩

站了一段时间，我问芗老："师爷爷，我肩膀又酸又紧，松不下来怎么办？"

芗老一边给我从头到胯放松，一边说："想着你站在齐胸的温水中，两只胳膊借助水的浮力漂浮到水面，胳膊一半在水里，一半在水面上边；再想着水慢慢退去了，要保持这个姿势不动，但不要多用力。"

我照着做了。芗老给我调整成"松肩坠肘"的姿势，又调整相关的部位，说："保持住。"然后芗老用手沿着我手臂内侧和胸部转了一圈，说："想着有个纸球在这儿，你要稳稳地抱着，但不能把球抱瘪，还不能让小风把球吹跑。"

芗老又说："肩松不了，先站站这个。"于是教我站了平步托抱桩（简称托抱桩）。

最后芗老说："手，用一点儿劲。（肩）松了，慢慢往上抬。不能拔苗助长，要循序渐进。"

芗老在站桩

站桩就是练拳

在家里练习的时候，曾祖母有时候问："你师爷爷教你什么了？"我说："就教站着，也不教拳。"曾祖母说："站桩就是练拳。叫你怎么站就怎么站，你师爷爷该教你什么，就会教你什么，别瞎想。"

听了曾祖母的话，我不再想练拳了，叫我怎么站我就怎么站，心开始静下来了。

站了一段时间，有一天站着站着，忽然感到芟老说的"要把纸球稳稳抱住，不能把球抱瘪，还不能让小风把球吹跑"这句话挺有深意。

站桩的时候，身上要有吹"过堂风"的感觉。"风"吹纸球，球不停地"飘动"，这就不能"使劲儿"死抱着纸球，以防球的任何一处瘪进去；又不能让球被小风吹跑，所以还要稳稳地抱住；这就要松松地拢抱着，随着"纸球的飘动"调整自己拢抱的"劲儿"。于是全身在"松"中随着球的飘动，"活动"起来了。

"动"不能有形，要"形不动意动"。身上不能紧，一紧就很难感觉到"风吹球动"了，也就不能随着球动而"动"了。

通过较长一段时间的练习，我隐隐感到，怀中抱的不是纸球，而是一个氤氲飘忽的"气球"，有了这种感觉，站桩的时候就不枯燥了。

芗老又教我站了平步推托桩（简称推托桩），并告诉我："这三个桩（平步托抱桩、平步撑抱桩、平步推托桩），每天都要站。"

芗老做示范时的姿势、神态、气势，我至今记忆犹新。

练习推托桩的时候，芗老告诉我，把手型和意念稍稍变化，就是"雀难飞"的桩法，雀难飞蕴含着"拳的八法"的练习。

我觉得托抱桩不带劲儿，推托桩又太累，所以经常站撑抱桩。

现在我特别后悔没听芗老的话，没好好练这三个桩，结果功夫基础不牢，只能枉自叹息。

不专心致志，则不得也

一天，芗老把我叫到身边，指着公园花坛的水泥沿儿说："脚后跟悬空着站站吧。"站的还是平步撑抱桩。

我回家就站在台阶上练习，不仅脚后跟悬空，还把脚掌悬空着练习。后来，我又找了两块整砖，站在砖的平面、侧面、立面上练习。砖放在地上能活动，感觉跟在平地上不一样。在砖的平面、侧面站还行，在立面上就很难，总掉下来，把脚踝磕得青一块儿紫一块儿的。

练了一段时间，再到平地上站桩，就轻松、舒适、自然多了。于是芗老开始教我站矮桩。一段时间之后，我感到下肢有力，不僵紧了，身体的平衡能力也好了。

芗老说："到王府井大街上站站。"

我知道，这是让我到喧嚣、热闹的环境中练习。我没到王府井大街，而是选择了在家里开着收音机站。只有站到开着收音机却听不到播放的内容，身心都能体会站桩乐趣的时候，才能真正得到练习的效果。如果一边站桩，一边听播放的节目，心就散了，不能专心致志地练习，虽然看起来是在站桩，实际上是在"傻站"，得不到应有的效果。

"不专心致志，则不得也。"

心静不下来怎么办

我练站桩一段时间后，出现了一个问题：很容易被身边人说话的声音引过去，听人家说什么。越不想听，越听；越听，心越烦；越烦越紧张，越紧张越站不下去。

我问自己：开着收音机都能不听播放的内容，为什么现在就不能不听身边的人说话呢？

慢慢地，我找到了原因：姿势的改变，使得身体运行状态发生了变化，当身心不能及时调整，适应这种变化的时候，就会出现"神不守舍"的状态。这是一个由"耳听"引起的"心不静"的问题。

我自己解决不了。怎么办？只得向芗老请教。

芗老针对我在不同阶段出现的问题，教给我三个不同的办法。

一是想自己高兴的事。

用高兴、愉悦的事，给大脑以良性刺激。心情舒畅了，身心就随之放松了。

二是不想。

体会"发呆（愣神儿）"的状态。在"发呆（愣神儿）"的时候，思无所思，视无所视，听无所听，大脑处于一种"休息"的状态。

三是全想。

上述两个方法，芗老都教过我。可是我哪儿有那么多高兴的事啊？"发呆（愣神儿）"也是短时间的状态，不可能长，怎么才能使心静下来呢？

芗老对我说："不能不想，你就全想，连你小时候淘气的事都想。还要想着身如大冶洪炉，一切私心杂念如枯枝败叶，遇之俱焚。这么站站吧。"

我设想自己是一座正在炼钢的炼钢炉，所有想法都如枯枝败叶般地被熊熊烈火烧得灰飞烟灭。按照这种方法练习，我开始能静下心，放松地站着了。

练习中，我感到这应该就是《拳道中枢》所说的"内缘不外溢，外缘不内侵""洪炉大冶身，陶熔物不计"的修炼方法。

按照这种方法练习，我在不知不觉中"站"了两个多小时。站完以后，我内心很平静，环顾四周，一片祥和、明亮，有种从没有过的轻松、愉悦、甜蜜的感觉。

身心"处中"的感觉

1959 年夏初，我在后河南边的小土坡前站桩。站着站着，忽然觉得身体向一侧歪斜，这是从来没有过的现象。仔细检查，姿势不歪不斜，可再站，还是这种感觉。再次检查，发现兜里装着自行车钥匙等东西，我把兜里所有的东西都掏出来，把手表也摘下来放到地上，再站，歪斜的感觉没有了。从此，我每次练习都要带个小布包，练习前把兜里、身上的东西都放在布包里。

这是我最早对"处中"有所体会。

身要"处中"，心也要"处中"。

曾有人问我，能不能听着音乐站桩？根据我的体会，可以听着音乐站桩，但是要达到虽有音乐却听不到音乐的境地，才能达到站桩所要求的"静、松"，这需要一段较长时间的修炼。最有效的方法是按照"洪炉大冶身，陶熔物不计"的方法练习。

现在很多人注重"松紧"锻炼而忽视了"静动"锻炼，这其实是很大的欠缺。

日常生活中，很多人养成了"紧动有余，静松不足"的习惯，习惯成自然，形成了"习性"，掩盖了平衡、均整的自然本性，在不知不觉中偏离了"中道"，最后疾病丛生、过早死亡。

为了改变这种后天的不良习性，古圣先贤、武林前辈探索出了"以中道纠偏""由静到动，再由动而静"的站桩方法，使人能通过站桩，回归"中道"，安享天年。

　　静是根，松是本。根深本固。"静、动"是一对矛盾，对立统一；"松、紧"亦复如是。

　　"静中松，动中紧，静、动、松、紧是一个东西。"

　　"一静一松，道蕴其中。"

树立敌情观念

一天，芗老把我叫到他身边，问："有人要打你怎么办？"

我说："跟他打。"

"怎么打？"芗老问。

我说不上来。

芗老说："想想你小时候跟你哥哥吵架的样子，小脖子梗着，瞪着你哥哥的那个不服气的劲儿。"

芗老又问："你面前站着的是一个杀害了你的亲人，还要要你命的人，怎么办？"

我说："拼命呗。"

"怎么拼？"

是啊，怎么打？怎么拼？我不知道。

芗老说："仇人见面，分外眼红。你全身血液贲张，毛发根根长伸直竖意如戟，恨不得一拳把对方打碎才解恨。面对仇敌，要'貌似书生态女郎'，静下心，沉住气，察看敌人的眼睛和双肩，示敌以弱，麻痹敌人。自己要积蓄力量，身如满月之弓，手似箭。面善、心狠、手奸，敌不动，我不动；敌欲动，我先知；敌未至，我先至。一触即发，一击毙敌。回去好好琢磨琢磨。"

拼命跟打架不一样，拼命是性命相搏，心、意不同。可两者目的一样，都是"保存自己，战胜对方"。没有战胜对手的心，没有相应的精神劲儿和技能是不行的。

　　但光有这种精神、想法也不行。怎么才能具备这种能力呢？光靠这么"站"着就行了？芗老让我自己琢磨。

意感练习

意感，即眼、耳、鼻、舌、身、意中的"意"，是先天本能的感知、觉悟。

一天，我在河边站桩，芗老走过来说："眼望地平线。"

我说："师爷爷，前面有房子，有城墙，看不见。"

芗老"唉"了一声，扭头转身要走。

我忽然"福至心灵"地说："师爷爷，我知道了，不是用眼看，是用心看。"

芗老转过身，看着我说："站吧。"

我眯缝着眼，以自己为中心，以自身到地平线为半径开始"观"。慢慢地，眼前的一切障碍物都"消失"了。我心想：这是"心观六路"啊，就好像以自己为中心，站在一望无际的原野上，极目远望，空荡荡的，直达地平线。"心观六路"实际上就是想象以自己为中心的浑元球体。

过了一星期，芗老对我说："耳听八方。敛神听微雨。"

芗老要我把心神收回来，眼观到哪儿，耳就听哪儿的"微雨声"，还要在意念中有"感"。眼观，耳听，感觉微雨落在头上，积聚成小水珠流下，犹如淋浴一般，冲洗体表污垢；满口唾液，徐徐咽下，冲刷体内脏污，顺着脚底流入大地。眼望到哪儿，耳听到哪儿，身感到哪儿。眼、耳、感要同步、合一。

又过了一星期，芗老对我说："眼要慢慢地收回来，从远及近，由外到内；看到血液流行的路线，听到血液流动的声音。"

结果听着听着，我就听到旁边的人说话了，越不想听，越听，越听心越烦，站不下去了。

我问芗老："这怎么办呢？"

芗老说："站在这儿，一个耳朵听电报大楼大钟走的声音，一个耳朵听北京站大钟走的声音，听听这两个大钟走得一样不一样，差多少，告诉我。"

我心里想着这两个大钟的样子，眼看着大钟的指针，听着钟走的声音，静下心仔细地听，看着看着，听着听着，钟、指针、声音都没了，既没看也没听，就是静静地站着。也不知道过了多长时间，我睁开眼，想跟芗老说话。往四周一看，芗老走了，站桩的人都走了，我拿起表一看，已经十二点多了，不知不觉站了两个多小时。

无论是"看"还是"听"，不仅要用心，还要专心。

《拳道中枢》："绝缘屏杂念，敛神听微雨……两目神凝敛，听内耳外闭。"

呼吸精气 深入调息

练习了一段时间，芗老对我说："晴天穿一件雨衣，用不了多长时间，身上就会出现憋闷的感觉，这说明除了口和鼻，汗毛孔也在'呼吸'。"

芗老让我这么站："眼望地平线。身体像个气球，用鼻子把气从地平线静、慢、匀、长、细地吸进体内，像在给气球充气似的，身体要有膨胀感；气吸到不能再吸，身体也膨胀到不能再膨胀了，停住；能停多长时间停多长时间，要自然；呼气的时候，可以用口鼻稍快一些地把气呼到地平线（也要保持静、慢、匀、长、细），身体随着呼气，要像撒气的气球似的，有瘪缩感，要把气呼净。体会吸气、停住、呼气过程中身、心，汗毛孔、汗毛的变化，汗毛跟空气摩擦的状态、感觉。好好琢磨琢磨吧。"

按芗老教的练习，站着站着，我好像置身静谧、清幽、连绵不断的苍翠青山中，看着山下潺潺的流水和四周的花草树木，听着小鸟的叫声，远离喧嚣、热闹的环境，心情舒畅极了。我停下来静静地站着，欣赏四周景象。忽然从很远处走过来两个人，我没再看，仍然站着，似乎在等着他们走过来。站着站着，感到一股暖流，从尾闾沿着脊柱缓缓向上流动，当流到大椎穴附近时，突然一块山石掉下来，砸在我身上，吓了我一跳。

我睁眼一看，一个大约三四岁的小女孩正跑过来捡她的小皮球，小女孩很有礼貌地向我说"对不起"。原来是小女孩的皮球碰到我的腿了。

环顾四周，芗老和其他人都走了。我拿起表一看，都过了十二点半了，不知不觉地，我站了将近三个小时。

回想当时的状态，我好像不是在中山公园站桩，而是在一座大山中静静地观赏美好的景色。没想呼吸的事儿，也就不觉得在练"调息"。

回家的路上，我感到周围一切都是那么明亮、祥和，没有了喧嚣、嘈杂的闹声，只有人们欢快的笑谈。

心态变了，周围一切也变了。

后来我在练习中，不仅按芗老教的调息方法练习，还加入了"看"和"听"的练习。

我这些年的体会是，调息必须深入练习。这既是祛病、健身、养生的基础，更是练习技击的基础。

《黄帝内经》曰："上古有真人者，提挈天地，把握阴阳，呼吸精气，独立守神，肌肉若一，故能寿敝天地，无有终时，此其道生。"

明代医家张景岳说："呼接于天，故通乎气；吸接于地，故通乎精。"地平线乃天地相交之处，呼吸起止于地平线，乃"呼吸精气"且充盈天地间。

无的放矢中的有的放矢

这样练了段时间，有一天芗老走过来看我站了会儿，说："要在'无的放矢'中'有的放矢'。"说完就走了。

什么意思？怎么练？自己琢磨。

后来我才体会到，一句"无的放矢中的有的放矢"，把此前眼、耳、鼻、舌、身、意这"六根"的练习圆满地统一到一个整体了。

这之后我才开始"筑基"的基础练习。

试力跟站桩是一个东西

芗老问我："站桩的时候我拉你，你怎么才能让我拉不动？"说着双手搭在我胳膊上，慢慢地、轻轻地拉我双臂。

我自然地用力不让芗老拉动。刚一用力，芗老说："不对，再来。"

我用身上的力，想不让芗老拉动我，刚一用力，芗老又说："不对，再来。"

用力，不对。我琢磨着：这回不用"力"了，用站桩的"劲儿"，随着芗老的劲儿调整身体。

芗老又问："我拉你怎么办？我压你怎么办？在拉你的过程中突然推你怎么办？"

看我在那儿琢磨，芗老告诉我："看着我身后一点，全身的劲儿通过双手的食指，指向这个点，随着我的劲儿，调整自己。"

说的简单，练着难。

这之后我就琢磨：在站桩时，突然有来自任意方向的力拉我、推我、拽我，怎么办？自己慢慢体会不同的感觉。

此时，站桩不仅仅是"蓄力"，还和"试力"融为一体。内、外、静、动一体。外形不动，体内却在意念的作用下急速地运动变化着，体认着各种来力和"应付"的感觉。此时分不出是在站桩还是在试力。

正如芗老所说："试力跟站桩是一个东西。"

芗老给我讲"松紧"

第一次给我讲"松紧"，芗老叫我把手张开，张到不能再张的时候，停住；再慢慢地把张开的手放松，松到不能再松的时候，停住。体会张开、放松、停住时身心和手的松紧状态。

芗老告诉我：张到不能再张，松到不能再松的中间状态，即是站桩所要求的"放松"状态。

然后芗老蹲下身子，扶按在我两个膝盖上，缓缓地向外分撑，撑到不能再撑的时候，一只手扶在我小腹上，让我感觉小腹的状态，随后把我两个膝盖缓缓地向内扣合，手仍然扶在我小腹上，叫我体会小腹的变化。

芗老告诉我，取小腹"松紧"以及"扁圆和长圆"的中间状态，即是站桩时所要求的"小腹应常圆"的"松圆"状态。

以膝盖为例，全身处处都如此调整，最后以"上有绳（牛筋）吊系，下有木（牛筋）支撑（牵拉）"做整体调整，使身体每一部分和整体都处于"松紧处中"的状态。

渐渐地，我体会到站桩为什么是"休息中的运动，运动中的休息"了。

间架的保持，是相应肌肉群"松紧"运动的作用，是在锻炼肌肉的"记忆"。

《断手述要》："姿势确为神意之代表，本能活力之所循。"

《拳道中枢》:"习时须首先将全体之间架配备安排妥当。"

这里说的"姿势",其实包括了姿势和意念,即"形"和"意"。它是"精神、意感、自然力"的体现,不可忽之。

意,上音下心,乃心之音。它既是"六根"之一,又是前五根的关键。

意拳实质上是"后天返先天""锻成触觉活力之本能"的拳。

有个蚊子要咬你怎么办

夏末秋初之际，我正在专心体会"站桩与试力是一个东西"的时候，芗老走到我身边，轻轻地问："有个蚊子要咬你怎么办？"

我不假思索就想说："周身无点不弹簧，把它弹出去。"话到嘴边又咽了回来，心想：是"要咬"。蚊子在哪儿飞，要咬什么地方都不知道，弹什么弹？

我脑子里迅速地搜索"正确"的答案，结果都被自己否定。看着芗老等待我回答的样子，我脱口而出："不知道。"

没想到，"不知道"这三个字刚说出口，芗老扭头就走，不理我了。我感到：我把芗老气走了。将近一个月芗老没搭理我。练习了一年半之久，连这个问题都回答不出来，难怪惹得芗老生气。我心想：爱理不理，该怎么练还怎么练，非得把这个问题想通了不可。

怎么办？自己找答案吧。

在家里，夜深人静的时候，我就脱了衣服，在院子里花架子下面站桩，体会各种飞虫飞到我身上的感觉，琢磨究竟怎么办。

星期天，我在中山公园练习还琢磨这个事情。

芗老看了我一会儿说："站站矛盾桩吧。"

或许，芗老看到我对这个问题有点儿认识了。

这个问题的实质，是检验自己的"本能活力"是否得到了恢复和运用。

平步撑抱桩的体会

一、练习平步撑抱桩，重在从"一静一松"中体认身心息"舒适、自然、平衡、均整"的"处中"状态。

二、芗老教我"学竹"，告诉我："竹，中空有节。"印光大师也说："竹，中空有节，傲雪迎霜，不落俗派。"话虽不多，字字珠玑，妙不可言。学拳与学佛，异曲同工，都要"中空有节"。

三、一静一松，道蕴其中。《拳道中枢》："盖拳道之真义，可云与人生大道同其凡常，亦可云与天地精微同样深奥。不以其道而习之，终身求之不可得，果以其道而习之，终身习行不能尽。""静、松"是根本。抓住根本，打下牢固的基础，才能以中道纠偏。"一静一松，道蕴其中"，既是习拳的根本，也是做人的根本。

四、"中道"是根基。《道德经》："夫物芸芸，各复归其根。归根曰静，静曰复命，复命曰常，知常曰明。不知常，妄作凶。"《金刚心总持论》："心喻舍，性喻王，清净斋戒喻城墙。"《黄帝内经》："心者，君主之官，神明出焉。"《能说形意拳经》："固灵根而动心者，武艺也；养灵根而静心者，修道也。"《伍柳仙宗》："静则为性，动则为意，妙用则为神也。"《拳学新编》："拳者乃拳拳服膺之谓拳，动静处中，能守能用，此皆尽吾人气质本能之道。"《拳道中枢》："……拳道，乃拳拳服膺之

程岩习练平步撑抱桩

谓拳，亦即心领神会，体认操存之义。"

"拳拳服膺"即真诚、恳切地把"中道"牢记于胸（心）。在一静一动中能够随时随地"处中、守中、持中、用中"，尽显吾人气质本能之道，谓之拳。

芗老说："这个拳是身心性命之学，气质本能之道。"

在一静一动中脱离了"中道"，将一事无成。

五、平步桩是在一静一动中打下牢固、坚实基础的"处中"修炼，也是"知其道""法于阴阳，和于术数"的修炼，更是在拳上进行"桩法换劲""积蓄劲力"的不二法门。

六、姿势与细节。对病人来说，虽然姿势很重要，但是由于病人的生理、心理情况与健康人不同，在练习中，病人会出现各种身体变化。在保证安全的前提下，只要病人自己感到舒适、自然，就不要强求"姿势正确"；通过不断深入的练习，随着身体功能和"本能活力"的逐渐恢复，就会"自力更生"地调整身心息到平衡、均整状态，当自己感觉舒适、自然，别人看着也舒服的时候，姿势就正确了，身体也就恢复健康了。

对于习拳者，要追求"姿势正确"。细节决定成败，一定要注重桩法的细节。正如芗老所说："浑元空洞亦都由细微棱角形成，渐渐体会，方能有得。"

芗老教我矛盾桩

开始练习矛盾桩即正式进入"习拳"阶段。

芗老曾问："为何有此一站？为何有此一动？"

所有练习都是断手实作的基础修炼。因此，要确立敌情观念，一抬手、一投足都是在和敌人进行间不容发的生死相搏时精神、意感、本能活力的运用，而不是悦人耳目的"人为造型表演"。

练为战。

芗老教我的矛盾桩姿势有两种。

第一种是先站好平步撑抱桩，以身体中线为轴，向一侧旋转约45度，形成前三后七、撑三抱七的状态。前手似盾，后手如矛，身体拧转成"盾防敌来之械，矛攻来敌上部中线（心口至面门）"的攻防合一之势。或前臂似弓，后臂如箭；臀后座，腰脊后弓；形成弓开如满月，箭在弦上一触即发的状态。膝盖有前顶（不超过脚尖）、上提、外撑之感；前脚脚跟虚抬，如奔马前蹄着地之状，后脚如踏在弹簧上；脚趾有撑扒拧裹之意。含颌，头有向前上方抻、顶之意感。身体姿势须"舒适、得力、平衡、均整"。

第二种如军人出操的稍息姿势，然后将身体按照第一种方法调整到"舒适、得力、平衡、均整"的状态。

上述两种姿势，是在平步撑抱桩"处中"的基础上进行的，"以守为攻，攻防合一"的练习。

调整好姿势后再调整意念。

首先将所有"木支撑"变换为"牛筋牵拉"。

其次全身要有吹"过堂风"之感。

然后要意想：自己和身边一棵刚出土的小松树在自然界无忧无虑地生长。头如树梢，向上长；脚如树根，向下向外扎根；身如树干不断粗壮；手臂如树枝，向四周延伸生长；毛发如树叶，追寻阳光，随风飘荡。

给我调整完之后，芗老说："先这么站个十年八年的吧。"

我一听这话，心想：学竹，站个三年五年，现在又叫我学松，站个十年八年，这加起来少说也得十一年，我都快三十了；就这么站着，什么时候才能教我练拳啊？

不管心里怎么想，还得按芗老教的站。

经过一段时间的练习，我渐渐体会到其中的一些道理：身上的"九个纸球"（颌下夹着一个纸球，怀中抱着一个纸球，两腋下各夹着一个纸球，两掌心各含着一个纸球，两胯各夹一个纸球，裆里夹着一个纸球）在"过堂风"的作用下，时时刻刻在飘动；身体各部位被"牛筋"的弹力牵拉扯拽着动荡不已；身体内外在松紧的作用下随时变动，"纸球既不能夹瘪，又不能让小风吹跑"；还要体认自己像小松树在大自然中无忧无虑地生长。

错综复杂的"矛盾"，使我在练习中"想着这个忘了那个""按下葫芦起了瓢"，可谓是"顾此失彼"。

怎么办？

不能再向芗老请教了，得自己琢磨。

结果不管琢磨什么办法，都不行。最后，我还是回到了"一想就对，一做就错，有那个意思就行了"和"洪炉大冶身，陶熔物不计"上。

静下心，精神放松，不断地去体认，有一天我忽然感到"九个纸球"的"纸"没了，纸球变成了九个氤氲的气球，似乎与空气融和了。渐渐地，我进入到了那种"浑元"的状态。

初学试力

站矛盾桩一段时间后，芗老叫我这么练习：意想将远处一棵大树的树枝前拉、后推、左右推、拉弯，所用的劲力不能"过"，也不能"不及"。把树枝拉弯后，还要把树枝稳稳地松放到原来的位置，继续将树枝推弯。熟练了，就在推、拉的过程中，突然转变方向。

无论推或拉，都要使推、拉树枝的力和树枝的反弹力保持平衡。推、拉都须保持匀速运动。

从推、拉树枝慢慢过渡到推、拉整棵树，再到抱着整棵树推、拉、拔、栽、摇、旋，不断深入练习。

在海中漂浮的木板上前进

一天，芗老走过来说："想着自己站在大海中漂浮的一块木板上，向远处的陆地前进。"

在"抱树"的基础上，芗老叫我这么练习：意想自己站在大海中漂浮的一块木板上，眼望远方陆地上的一棵大树，手要通过"牛筋"与这棵大树连在一起，借助"牛筋"把自己拉向岸边，直到上岸。

海上的天气变化莫测，时而晴朗，风平浪静，时而乌云滚滚，狂风暴雨，巨浪排空。你时而被抛向浪尖，时而被冲到浪底，都要稳稳地站在木板上，向陆地前进。不能掉下来，掉下来没人救你。

芗老说："这么站站吧。"转身就走了。

我的体会是：练习时要把自己"真实地"置于大海之中，大海波涛的变化须有"突然性"，这才能锻炼自己"处中、守中"的能力。

第二次讲松紧

芗老从地下捡起一块小石子，撩起上衣下摆，把小石子放在上面，抻平，对我说："看着。"双手使劲把抻平的下摆一抻，小石子在衣服上跳了跳。

"看清楚了吗？"芗老问。

"看清楚了。"我回答。

"再看。"芗老把衣服下摆松了松，突然一抻，小石子被弹起挺高。

"看清楚了吗？"

"看清楚了。"

"再看。"芗老把小石子向上抛，用抻平的衣服下摆接，在小石子下落到衣服上的瞬间，芗老把衣服下摆放松，接住了小石子，突然一抻衣服下摆，小石子被弹起更高。

"明白了吗？"

我点了点头，不敢说"明白了"。

因为芗老在第一次把小石子弹起的时候，我就想起了芗老教我父亲时说的一段话："拿着一块土坷垃，能扔很远，如果手里抓着一摊稀泥，黏黏糊糊的，就扔不出去。对方不紧不僵，扔不出去。要把对方'叫紧、叫僵'才行。"

拙力是僵紧的，功力是松中有紧、柔中藏刚，虚中有实，实中有虚。能把对方静、松、柔、虚的功力"叫"成僵紧的拙力，想把对方扔到哪儿就扔到哪儿，这是真功夫。

明白了道理，不见得能做到，因为还没有真功夫。

芗老对我父亲说："打人容易摔人难，摔人容易制人难，制人容易服人难。"话不多，其中的含义很深。含义越深，要求的功夫越精纯。

《拳学新编》："用功觉得全身气血川流，身体有物，养神敛性，全体无滞，是初步功夫；若听得全身嘶嘶有声，无论行坐一触即跌人丈外，是中乘功夫；身外生气，光芒四射，如用目视人，其人如失知觉，然后渐入神化之境矣。"

这几十个字，把"拳的特殊性"的三重境界揭示得清清楚楚。没有达到相应境界的人，是理解不了的。

芗老的气势、眼神让人畏惧，甚至是恐惧，因此很多人在芗老面前都恭恭敬敬，不敢胡言乱语，肆意妄为。没有亲身经历的人，理解不了。

我对芗老是又亲、又敬、又怕。

矛盾桩的下一步

芗老说："器械是手臂的延伸。器械只有两种，长兵器和短兵器。枪乃兵器之王，长兵器以枪为代表；剑乃兵器之祖，短兵器以剑为代表。掌握了长、短兵器的用法，就掌握了器械的应用法则。"

这个拳以练习枪为主，器械练习主要是练枪和剑。

芗老的枪法比拳法还精妙。

为了安全，芗老把枪尖去掉，用白蜡杆代替枪，用短棍代替剑。练棍实际上是练剑。

从20世纪30年代起，芗老与人交手基本上就不用枪和剑，而是仅以徒手迎敌了。芗老的随身器械是那根拿在手里的柞木"文明棍"。

枪、剑的练习是矛盾桩练习中不可或缺的内容。在矛盾桩具备了一定的基础后，就要开始进行枪和剑的基础练习。

枪、剑的基础练习

枪法练习，姿势以矛盾桩为基础。以左足在前为例，持枪时左手在前，半握枪身，右手在后，握住枪的尾端；将枪置于脐前约一拳距离，要以舒适、得力为要。

枪是手臂的延伸。体内的劲力要能通过手臂，传导到枪身。基本要求同矛盾桩的要求。

练习时，前手掌心如握一鸡蛋，蛋壳与手掌、枪身完全相贴，要注意不能把鸡蛋挤破；枪前端如挂一个三五斤的重物，贴靠在固定物上，上下匀速滑动。

剑法的基础练习，要双手持剑，意贯剑身，劲力从剑尖"放射"到意念中敌人的面门到胸口的范围，匀速画圈（顺、逆时针交替练习）。

姿势与其他要求和枪法练习相同。

芗老没教我枪、剑的练习和运用。芗老将枪法练习传给了我父亲，我父亲再传给我；将剑法的基础练习教给了我弟弟，我母亲后来告诉我的。故在此不多做叙述。

枪法练习在身法、步法练习中还有内容，谈到摩擦步时，再做简要叙述。

精神放大桩

一天，我正在体会站桩中的"松紧"，芗老迎面走过来。走到我身边，芗老说："放大。"说着就走过去了。

我把间架放大了一些。

芗老回身站到我面前，严厉地说："我说的是精神放大。"

间架放大一点，错了，是"精神放大"。可什么是精神放大？怎么精神放大？我不知道。接受此前的教训，我不敢说"不知道"，不动也不说话，傻愣愣地看着芗老。

芗老看着我："我给你说说，调调。"

芗老给我从头到膝盖重新调整了间架，调整到哪里，讲解哪里的间架作用和意念，就这么调了半个多小时。

调整到腰胯的时候，我已经全身出汗，快站不住了；调整膝盖的时候，芗老蹲下身子给我调，这时候我咬牙坚持着；膝盖以下，芗老只是讲解，没用手调整。

芗老站起身子，看着我说："你这是庙里的小鬼来了。"说完扭头就走了。

我长出了一口气，心里说：可完事了，再一会儿我就得坐地上了。

芗老说我是"庙里的小鬼"，我还挺高兴，心想：甭管小鬼、大鬼，我知道了什么是"精神放大"，还知道怎么练了，这是最关键的。

我把芗老调整的桩法，起名叫"精神放大桩"。

精神放大桩与矛盾桩的间架配备（姿势）尚有不同。

精神放大到什么程度？

芗老告诉我："要有我似天神，立于宇宙之中，普天之下唯我独尊的精神气概；要有怀抱地球，视地球上的高山大川如沟沟坎坎，千军万马阵前厮杀，如蝼蚁群斗，天神步入蝼蚁群中，取上将首级犹如探囊取物一般的意感、气概。"

精神放大桩是深入敌群，直奔敌酋前"一触即发"的状态。须有"蛟龙冲天""饿虎扑食"，"利箭疾出""电掣雷轰"，"地动山摇""飞沙走石"，"阻我者死，挡我者亡"，直奔敌酋将其擒获的精神、意感、气势。

话不多，需要体认的内容太多了，难以尽述。

通过练习，我渐渐感到，芗老的一首诗和一副对联，描述的就是这个桩的状态，诗曰：

> 拳法别开一面新，筋含劲力骨存神；
>
> 静如伏豹横空立，动似腾蛟挟浪奔。
>
> 气若长虹犹贯日，欲将大地腹中吞；
>
> 风云叱咤龙蛇变，电掣雷轰天外闻。
>
> 吐纳灵源包宇宙，陶熔万物转乾坤；
>
> 不知吾道千年后，参透禅关有几人。

对联曰：

神如天马横空立

意似云龙物外遊

天马行空，独来独往；云龙畅游，见首不见尾。没有前期桩功的深厚基础，即便有这个形，也不可能具备其"神、意"。深厚的基础、根本的功夫是这个拳的核心、关键。没有这种"精神、意感、自然力"的基础，不宜妄动。

经过一个阶段的练习，芗老说："走走吧。"

于是芗老开始教我摩擦步，也就是"走步"练习。

芗老教我摩擦步

练习摩擦步，芗老告诉了我一句口诀："起步如拔泥，进步似卷席。"怎么练习，自己琢磨，用心去"摸"去"求"。

练习的预备姿势是矛盾桩或"勾挂桩"。姿势不同，精神假借不同，效用也不同。芗老要求"慢优于快，缓胜于急"，重在体会走步的过程，先练前进步，再练后退步。在"缓、慢"中体会自己的身心息是否"中和"，体会外界发生变化时的本能反应，调整自己"处中、守中"的本能活力。

走步即是行禅

走步即是行禅，重在体认过程。

南传行禅体认的过程（以左脚起行为例）:

左脚，提、举、推、落、触、压；右脚，触、压、提、举、推、落。

站桩走步的过程：提、拔、推、卷、落、踏。

走步练习，要把心收回来，放正了，专心致志地练习，在"缓、慢"中体认"走（行）"的过程。

眼："两目神凝敛"，"远视地平线"。

耳："敛神听微雨"，"听内耳外闭"。

鼻："神机自内变，调息听静虚"。

舌：氤氲雾霭，状似云龙。

身："首先力均整，枢纽不偏倚"。

意："意似悬空间"，"足腕如兜泥"。

芗老说："行、站、坐、卧，不离这个。""这个"在走步练习中，既是"身法、步法"，又是"行禅"。异曲同工，禅拳合一。

初始练习，重在体认"拔"和"卷"。每进一步或退一步，要问自己"为何有此一动"。体会这个过程中的各种变化和调整"身心息"，保持"稳定、平衡、均整、协调"的方法。

　　练习越慢，体认的东西越多，越无止境，越有理趣。我当时每一步都要 45 秒左右，在这个过程中仔细体认各种情况，务求实用。

"如履薄冰"的练习

一天，芗老站在我面前，看我练习。我正在拔起右脚进步时，芗老突然伸出右脚，钩住我进步的脚向上抬，我身体稍稍晃了晃。芗老放下脚，说："进每一步的时候，要想着前边是个冰窟窿边上怎么办，要'战战兢兢，如履薄冰'。"

通过一段时间的练习，我感到步伐沉稳多了。

"如临深渊"的练习

练习了一段时间，芗老告诉我："前脚落地的时候，要'出寻问路'。脚落下的时候，要想着落在悬崖边上怎么办？落在滚动的石头上怎么办？落在种种不得力的地方怎么办？要能及时抽回来。感到确实落在实地上了，再向前迈出一脚距离，同时拔起后脚进步。这么走走吧。"

芗老说的简单，是启发。实际练习中，要想到各种不利因素，体认应付的办法。

甭想学好，把你那不好去掉就行了

一天，在和芗老出中山公园的路上，我问芗老："师爷爷，我每走一步都好像把地踩出一个坑似的，对吗？"

芗老扭头看了看我，没搭理我。

过了不到一个月，跟芗老一起出中山公园的路上，我又对芗老说："师爷爷，这两天练的时候，又觉得脚好像擦着地皮似的；是踩出个坑对，还是擦着地皮对呀？"

芗老扭头看了看我，还没搭理我。我心里说，到底哪个对，您倒是说话呀。您连句话都不说，我知道哪个对哪个不对？

芗老不搭理我，我心里不好受，只好自己给自己解心宽：不告诉就不告诉吧，该怎么练还得怎么练。

一天，芗老正给一些学员解答练习中出现的问题，芗老幽默的话语，既解答了问题，又引得大家会心欢笑。

我一看，认为时机很好，就凑上前问："师爷爷，我什么时候才能学好呢？"

芗老扭头，冲我微瞪着训斥道："甭想学好！把你那不好去掉就行了。"芗老瞪我的眼神，说不出来像什么，好像在我心上"戳"了一下似的，吓得我直哆嗦，不敢大声出气了。我心里委屈呀！倔脾气上来了，又不敢大声，就嘟囔着说："谁不想学好啊，反正我是跟您学的，不好也是您教的，干吗不教我好啊。"也不知道芗老听见没有。

又过了些日子，芗老教我直步、垫步、斜步、横步、跨步等身法、步法练习，对我说："要把各种步法交叉着练。"

这是练习对方突然改变来力时，自身的变化、调整方法。这些是笔墨毫端难以叙述的，须自己体会。

虽然过去了一个甲子，但芗老的眼神和"甭想学好，把你那不好去掉就行了"这句富含哲理的话，仍深深镌刻在我心中。

枪法、拳法、桩法要归一

矛盾桩和走步有了一定基础后，就要练习枪法。

芗老没教我练枪。我的枪法是我父亲教的，是再传。

枪法共有 15 种力：上、下、拨、拧、转、滚、扣、裹、刺、挑、崩、搅、推、拉、锉。

芗老告诉我父亲："力要归一。枪法、拳法要归一。（枪法）要和躺桩交替练习。枪法、拳法、桩法要归一。要'身动起象外，法在无念中'。"

站桩融入生活

芗老教我走步后，让我有时间把平步桩、矛盾桩、走步连起来练习。平步桩、矛盾桩、走步各练 1 小时左右。没有时间可以单独练习。要养成习惯，使站桩成为日常生活中不可或缺的一部分。

我日常练习就先站平步桩，从"有个蚊子要咬你怎么办"的状态，自然地扭转身体成矛盾桩，再通过精神放大桩练习，自然地进入走步练习。

这样练习，每次要 3 小时左右，练完还有"意犹未尽"之感。如果是练习单项，时间在 1 小时左右。

拳法、身法、步法之运用

芗老对我说："你们哥俩逛厂甸，人太多，挤散了，互相找。你看见你哥哥正在人群对面着急地一边喊一边找你。你要赶紧到你哥哥身边。看见一个人缝，你就左闪右躲，移动脚步，找到一条人缝，脚下一使劲往人缝一插，身子一晃，从人缝里钻过去了；忽然前边一个大汉挡住了去路，人缝很小，脚插不进去，你就双手插进人缝，往两边一撑，撑出一个人缝。你嘴里说着'劳驾，请让让，我过去'，就在人们一愣的时候，你快速地移动脚步，带着身子往人缝里一插，用身子左冲右撞地撞开了一道窄缝，侧着身子跑到了你哥哥身边。这么想着走走吧。"

按芗老说的，我设想各种不利的情况来练习，在尽快到达目的地的意念指挥下，全身形成一个统一整体，整个人"活"了，不假思索地向着目的地闪展腾挪地冲过去。"冲"的过程是没有时间筛选路线和方法的，全是本能的反应。

第三次讲松紧

芗老在空中画了一条直线，对我说："一边是松，一边是紧。松、紧方向相反，大小相等。地球是圆的。松、紧如线条般无限延长，最后都是半圆形，交汇的那个点上，'松即是紧，紧即是松，松紧不二'。琢磨琢磨吧。"

练习推手

1961 年春，芗老对我说："跟他们活动活动去吧。"

陈海亭、刘杰平两位师伯走过来，开始带着我练习推手。显然，芗老跟两位师伯说了。

经过定步单推手、活步单推手和定步双推手的练习后，刘杰平师伯带着我练习活步双推手，说："先从打轮儿开始。"

双方手臂一上一下搭上手后，开始练习"打轮儿"。

刚练了三五分钟，芗老走过来说："你们爷俩瞎搅和什么呢？锅里饺子都烂了。"说完就走了。

我们一听，知道练错了。怎么才对？不知道。

练错了不如不练，我们就不练了。

芗老教我哥哥推手

之后过了俩星期，上午十一点多，芗老把我哥哥叫过去，说："来，咱老爷俩推推。"

芗老鲜有在大庭广众下教推手。大家一听芗老要推手，全都围拢过来。

我哥哥站好推手前的预备姿势，只见芗老笑呵呵地把双手轻轻地搭在我哥哥小臂前端，两人全都不动了。

也就过了几分钟，芗老问："明白了吗？"

我哥哥点了点头。

芗老说："回去琢磨琢磨吧。"

回到家里，我问哥哥："你怎么站着不动，不拧着往里进啊？"

哥哥说："动？怎么动？还拧着进？怎么进？"

我问："怎么啦？"

"师爷爷双手一搭在我胳膊上，我就跟提线木偶似的被提拉起来，靠脚指头支着身子，怎么动？"

我说："没注意你脚底下。"

"脚指头支着身子，站在那儿，师爷爷不动，我也不敢动，不是不想动，是动不了；没过一会儿脚指头又酸又疼，全身开始哆嗦、出汗，站不住了。想躲躲不开，想动动不了，心里慌了。我想，这哪是教我推手呢，是叫我受罪呢。得了，我不如全身一松，跌坐到地上，我认输还不行吗？刚要放松，就觉得有一股说不来的劲儿在下边托着我。你想啊，上边提着，下边托着，脚指头想认输都不行，这个滋味难受得说不出来。我又想，干脆往前趴在师爷爷的怀里，耍赖得了。刚想往前趴，就觉得师爷爷身前有一堵墙似的，趴不过去。这时候我心里害怕了，就觉得全身不得劲儿，心慌得厉害，气都喘不上来了，脸上直冒冷汗。这时候就听师爷爷问，'明白了吗'？我连说活的力气都没了，只好点了点头。师爷爷放开了手，我才慢慢地缓过来。你说，怎么动？怎么拧？怎么进？真该叫你尝尝这个滋味。"

听哥哥说完，我没话了，心想：这才是"推手"啊……

推手与断手的关系

推手和断手是什么关系？

芗老说："推即是断，断即是推，推、断是一。"

推手是断手的基础练习，是二人试力，断手是推手在实战中的运用。

芗老对我父亲说："脱点是断（手），不脱点是推（手），最终解决问题在点上。"

《断手述要》："意拳之技击，非进攻性之拳术，乃自卫之术也，因此意拳之技击专讲断手，意即断敌所来之手，善守即善攻也。"

意拳专讲断手，在"点"上已接未触之机，断敌来手。

"推、断"的实质，是"断敌来手"。

何时断敌来手？

芗老对我父亲说："把对方放进来。在已接未触之机，对方不能再有变化的瞬间，截断对方的意图、来力，截断至对方中节。"这就是说，在对方的进攻距离"处中"的己身寸许距离之时，在双方已接未触之机，也就是对方已经无法改变力的大小和方向之时，突然发力至对方"中节"，令其失中，此即"断敌来手"。所发之力，即"寸劲""点力""意力"，也就是通常说的"拳劲"。

点力：知点儿、听点儿、用点儿

转眼又到了星期天。刘杰平师伯对我说："咱们练推手。这回不打轮了，咱们练点力。"

点力包括知点儿、听点儿、用点儿。初始练习，要由比自己水平高的人带着练。

知点儿，指要知道什么是"点"。

听点儿，指在"点"上"听"出对方的心性、意图、功力、运力方向与大小，揣摩自己及对方的"意中力"，并做出判断。

用点儿，指"神、意、气、力、形"在"点"上的运用。

我随芗老学习听点儿尚未熟练，芗老就离京赴保了，没能学到用点儿，十分遗憾。

尾声

1959 年春末夏初之际，跟随芗老学习站桩的人越来越多，唐花坞前的地方已不够用，芗老就转移到瑞珍厚饭庄（今来今雨轩饭庄）前的空阔处。唐花坞的场地，芗老交给了姚宗勋师伯。

新场地虽然开阔，但来往的游人多，影响练习。因而不久又转移到后河。

后河的练习场地很大，基本上是东到游船码头，西至园墙，南到小土山北侧，北到后河铁栏杆。这里有树、有水、有花坛，环境比较幽静，适宜练习。

1961 年 10 月，我从天津探望父母回京后，再到后河，没看到练习站桩的人，只见到陈海亭师伯。陈师伯对我说："你师爷爷应河北省卫生厅段厅长的邀请到保定去了，这里的工作结束了。我按你师爷爷的嘱咐，在这里处理后续工作，通知大家不要再来了。"

我随芗老学站桩的岁月就这样结束了。

第三章

◎

亲历亲见与亲闻

突然之间，

我又想起了当年芗老教我和哥哥时的话：

『不要「够着打」。要在已接未触之机，

对方不能再变化的瞬间，断其来手。

哪怕还差一寸就打上了，

手臂也不能伸出去「够着打」。

要保持住间架，「够不够，步法凑」。』

按不下芗老一只胳膊

1958 年的一天，上午 10 点左右，中山公园练习站桩的人都围拢在唐花坞南窗外。我也挤进去，站在芗老身后，听芗老和一位身材高大魁梧的中年男人谈话。

这位中年人问："这么站着有什么用？能长力气吗？"

北京铁路总医院（今北京世纪坛医院）的刘仁慧同志说："用处可大了，王先生伸出一只胳膊，你都按不下去。"

"是吗？"中年人很怀疑。

"不信，你就试试。"刘仁慧说。

中年人问芗老："我能试试吗？"

芗老微笑着说："可以。"伸出右臂。

中年人用一只手按芗老伸出的胳膊，没按动；用两只手往下按，也没按动。

就在这个时候，我想起了父亲说"推手，不能用拙力，要用功力"的话。我不知道什么是拙力，什么是功力，就从芗老身后用我的右手去摸芗老右臂，想看看芗老的大臂是不是紧梆梆的。

我伸手摸的时候，正是中年人双手按住芗老伸出的胳膊往起跳，想用身子的重力压下芗老胳膊的时候。

中年人跳起来，我摸到芗老胳膊的瞬间，芗老突然扭头，犀利的眼神直射到我，吓得我心里一寒战，赶紧松了手，冲着芗老一吐舌头，又站在芗老身后。中年人整个身子压在芗老的胳膊上，也没压动。围观的人都发出了惊讶的笑声。

刘仁慧说："不行吧！别看你年轻力壮，真跑起来，你也追不上王老。"

中年人很怀疑，说："是吗？"

我心里说：这是真的，我和哥哥亲身经历过。

后来，我把摸芗老胳膊的事和父亲说了，父亲严厉地申斥我说："怎么这么胡来！也就看见是你，要是不相识的人，你师爷爷准给他'发'出去。不许这么胡来了！"

虽然受到父亲的申斥，但我心里还是挺高兴，我摸到芗老胳膊的感觉，说不出是松还是紧，就感到是高频的震颤。我朦朦胧胧地开始知道什么是拙力，什么是功力了。

俩人追不上芗老

1958 年夏天，有天下午两点多钟，曾祖母正在西院房中休息，高妈（我家的保姆）进屋说："老太太，王先生来了。"

曾祖母问："哪个王先生？"

"王芗斋，王先生。"

曾祖母说："快，快请到东院客厅。"

芗老拿着两包点心来看曾祖母。

曾祖母坐在客厅的大沙发上，芗老坐在小沙发上说话。

到了四点多钟，曾祖母跟我哥哥说："跟高妈说，你师爷爷在这儿吃饭，早点做。"

芗老说："不了，我还有事，走了。"

芗老说着就站起身往外走，我曾祖母一看芗老站起来，赶紧从兜里拿钱递给哥哥说："快，给你师爷爷雇车去。"我哥哥接过钱，我们两人就往外追芗老。出了屋门，只见到芗老向大门拐的背影（东院客厅距大门口将近 20 米），我俩赶紧跑，跑到大门口，已经看不到芗老了，芗老出了胡同。

回到屋里，我哥哥把钱交给曾祖母说："没追上。"

曾祖母笑着说："你们要能追上你师爷爷，就练得不错了。你师爷爷还是那个脾气，说走就走。"

有声试声与无声试声

我记不清是 1959 年还是 1960 年夏天，有天上午 9 点多钟，我正在中山公园后河边练习站桩。忽然听到有人叫"芗斋、芗斋"。扭头一看，一位老人身后跟着一男一女两个年轻人，正从南边一边叫着芗老，一边向正在给学员调桩的芗老走过去。我不知道来的人是谁，也没在意。

练习站桩的学员都不站了，渐渐地围拢在芗老和这位老人周围。

陈海亭师伯走过来对我说："别站了，快去听听，你师爷爷要讲拳了。"

我赶紧跑过去站在芗老左侧。跟着老人来的两位年轻人，一直一左一右地站在老人身后。

老人跟芗老说了一些武林人物的逸事。

我记得老人问芗老："芗斋，你能说说你这个拳怎么练吗？"

芗老说："这个拳练站桩、试力、走步。"

"能详细说说吗？"

芗老站了平步撑抱桩，说："开始这么站。"并简要地说了站桩的效用。然后芗老在原地做了试力。由于围着的人很多，芗老没做走步的示范。

最后谈到试声的时候，芗老说："试声有'有声试声'与

'无声试声'，我做做有声试声。"

芗老做了有声试声。这时候刘仁慧仰着脑袋大声说："看呐，都把树叶震下来了。"大家不约而同地向上看，空中飘下来几片树叶。

芗老对老人说："虽有声，气却不能外泻。你把手放在我嘴这儿，感觉感觉有没有气出来？"

我赶紧探身盯着芗老的面部，想看怎么试声。

老人把手放在距离芗老嘴边不足 1 厘米的地方，芗老突然一声"有声试声"，震得大家惊异万分。

芗老说："我做做无声试声。"

芗老站在原地做了无声试声，只见芗老穿的纺绸大褂下摆震动着，我赶紧从芗老身后去摸芗老的大腿。芗老突然扭头，犀利的眼神向我爆射而出，我的心像被小棍子猛然搅了一下似的，难受极了，赶紧把手收回，一缩脖子，冲芗老做了一个鬼脸，蒙混过去了。半天我才缓过神来。

这时就听老人说："芗斋，是不是给你找个四合院去教？"

芗老环顾大家说："他们怎么办？"

老人说："我们再商量。"

将近 11 点半，老人邀请芗老一起向南走了。

大家在热议着。

我问陈海亭和刘杰平两位师伯："这位老人是谁？"

两位师伯对我说："这是李部长。来了两三次了，跟你师爷爷谈拳的事。身后的年轻人，女的是医生，男的是警卫员。他们一直跟着李部长，不离身后。"

我又问："李部长怎么会过来？"

两位师伯跟我说起了一件往事……

之前的一天，两个很有力气的年轻人"搀扶"着一个身材高大魁梧的人，来到你师爷爷面前说："经人介绍，请王先生想想办法使这位患者恢复健康。"

你师爷爷问，得的什么病？什么症状？

两人回答：精神分裂症。症状：站不住，坐不住，静不下来，总是无目的地跑，力气还挺大，中医、西医都看过了，没什么效果。

原来两个年轻人不是"搀扶"着患者，而是"连夹带架"着患者。芗老叫年轻人松开，让患者站在自己面前。患者站了不到一分钟，就跑了。两个年轻人赶紧追，把患者"搀扶"回你师爷爷面前。你师爷爷说："试试吧。你们每天上午来，中午回去。"

患者还能站着，你师爷爷给他摆了平步撑抱桩的姿势叫他站着，自己站在他身后，双手环抱，但不沾他身体。

患者怎么跑，都跑不出去你师爷爷"环抱"的范围。

你师爷爷告诉两个年轻人，回去以后，只要有时间就叫患者这么站，要有人在旁边扶着，不让他跑。

之后每天，你师爷爷都在患者身后环抱着，让他站桩。

过了四五个月，患者能自己站一会儿了，你师爷爷就站在他旁边，随时注意他的情况，及时予以调整。

大概过了八个多月，患者能自己静静地站住了。你师爷爷还是关注着他，给他随时调整。

又过了几个月，两个年轻人来了，对你师爷爷说，患者已经重返工作岗位，每天自己坚持练习，不来了。

过了没几天，李部长来了，告诉你师爷爷：这位患者是内蒙古自治区的一位领导，蒙古族人，因病不能工作，之前中西医治疗，效果都不大。通过一年多的站桩，这位领导已经痊愈，返回了工作岗位。

听完了两位师伯的叙述，我感到：也就是芗老能"圈住"这位患者。只是不知道师爷爷是如何随时给这位患者调整的；要是当时有医生在芗老身边随时记录，进行科学研究，该多好啊！

周子炎师伯的教诲

1959 年夏天，我正背着芗老站降龙桩（芗老没教我），从东边走过来一个手里拿草帽的老人。经过我身边的时候，老人呵斥道："别偷懒！是丁字步，不是丁八步，后脚跟不能抬起来！"

我抬头一看，人已经直奔芗老去了。我问陈海亭师伯那人是谁，陈师伯告诉我："那是你周子炎周大师伯。"

张越千师伯的"见面礼"

1959 年的一天，我正在站桩，一位满脸红光、精神矍铄的老人走到我面前说："我刚问了老师，我知道你是谁了，你不知道我。我先自我介绍，我是你师爷爷的学生，中医大夫，我叫张越千。以前不叫这个名字。自从跟你师爷爷学习站桩，改名叫'越千'，意思是学了站桩，我要活过一千个月。我今年快八十了。你看，我身体还可以吧，我往这一站，两三个小伙子也奈何不了我，看起来活过一千个月没问题。你这么小就跟你师爷爷学，有福气，好好学。今天咱爷俩头次见面，本该送你一个见面礼，可我不知道会见到你，也没带，想来想去，送你一句话作为见面礼吧。听好了，记住了，'药补不如食补，食补不如气补，气补不如神补，神补不如这个补'。"

说"这个"的时候，张师伯站了平步撑抱桩的姿势。

"听清了吗？"

"听清了。"

"记住了吗？"

"记住了。"

张师伯说："跟我一句一句地说一遍。"

张师伯说一句，我跟着说一句。说完了，又让我背一遍。

张师伯问："你多大了？"

我说："快十七了。"

张师伯说："正在长身体的时候，要吃，要锻炼，要站桩。每天吃 2 斤干粮，不算副食。不能偏食，五谷杂粮都要吃，每星期最少吃三顿杂粮，水果、蔬菜、肉、蛋都要吃，吃不下，就去锻炼、站桩；一天可以吃五顿饭，但不能吃撑了，七八分饱就可以了。现在看不出什么，老了就看出来了。"

我说："张师伯，我做不到。"

问："为什么？"

我说："没这么多'定量'。"

国家规定高中生每月粮食定量 36 斤，肉半斤，菜 1 斤……

张师伯"唉"了一声说："我怎么把这事儿忘了。那你也得记住，国家经济会好转的，好转了再这么做。现在先不要练技击，适当锻炼，站养生桩，保护好身体，打好基础。"

20 世纪 70 年代后期，二姑王玉芳告诉我："张师兄是陆军总医院副院长、著名的中医专家，'文革'中受到迫害，70 年代初去世。"

我算了算，张师伯 1959 年快 80 岁了，到 70 年代初，起码 90 多岁，达到了"越千"的心愿。以张师伯的状态，没有变故或许还能更长寿些。

王玉祥师伯的指导

1961 年，王玉祥师伯问我："会打排球吗？"

这一年我正在北京体育馆青少年业余体校的排球集训班集训，就和王师伯说："会一点儿。"

王师伯说："准备接对方发球的时候，你的身体、精神是什么状态？对方扣球过来的时候，只许托球不许垫球，还要把球稳稳当当地托给二传手，你的手、整个身子是什么状态？把排球换成人，就是咱们这个拳的状态。"

"你记住：打人如亲嘴儿。头不能后仰。头要进，腰如轮轴脚如钻，手脚齐到方为妙。"

"扒墙头看娶媳妇。手往下按，身子往上抻，才能看见。"

"对方不紧不僵，不行。可以突然踩对方脚一下，往对方脸上啐一口吐沫，让他刹那惊恐，就又紧又僵了。抓住这个稍纵即逝的时机，突然发力，你就赢了。决斗事关生死，没有道义可言，为了保存自己、消灭敌人，什么办法都能用。友谊切磋可不能这样。"

"练，就练有用的。别摆花架子，姿势优美、漂亮，没用。敌人不会因为你姿势优美、漂亮就不打你。甭管什么姿势，打败对手就是好姿势。"

在我跟随芗老学习期间，前来看望芗老的学生不少，大部分师伯、师叔都给过我指点，使我对这个拳有了进一步的了解和认识。

三个病例

20 世纪 70 年代后期，我在太庙协助二姑王玉芳教授站桩的时候，有几位患者的情况，我至今记忆较深：一位心脏病的患者；一位精神分裂症患者；一位癌症患者；一位子宫萎缩患者；一位身患重度抑郁症，因病休学的女青年；一位某部队医院姓芦的护士。这些人练习站桩，都收到了意想不到的效果。这里从中摘取三例简要谈一谈。

第一例是心脏病患者。冬季的一天，身患心脏病的林枫同志对我说："这些天站桩，我觉得身上穿的好像不是棉大衣，而是小棉袄，又轻又暖，这对不对？"我说："继续练习，会有新的体会。"过了些日子，他对我说："我还真有新的体会，现在感觉不是小棉袄，而是更轻更暖的羽绒服了。是不是坚持练还会有新的感觉？"我说："是。坚持下去，意想不到的感觉会一个接一个出现，就像吃饭、睡觉似的，引着你放不下、离不开。"

后来，在北京市总工会礼堂召开的站桩辅导大会上，林枫同志介绍了他的站桩经历和我们的交谈过程。

第二例是精神分裂症患者。有一天，一位女士找到我，自述因丈夫突然去世，身心极为痛苦，被医院确诊为精神分裂症。近两年多次住院治疗，也练了一些功法，都不见好转，经人介绍，她前来学习站桩。

这位女士二十多岁时与男友热恋，情意相投，数年后步入婚姻殿堂，夫妻感情甚笃，形影不离。不料两年前丈夫突遭变故，英年早逝。噩耗传来，这位女士备受打击，终日思念，难以自拔，以致形容枯槁，精神萎靡，虽然只有二十八岁，却满脸皱纹，头发苍白。

我问她有哪些症状。女士自述丈夫去世后，经常感觉丈夫仍在身边，精神恍惚，生活十分混乱。正说话间，她突然惊恐地指着对面的庙墙说："您看，快看！他蹲在对面墙根那儿，正瞪着我呢，他不让我说，我怕他，我不说了。"脸上露出瘆人的惊异之色。

面对这位病根在精神上的患者，怎么办？

我想起了芗老教我精神放大桩时的精神状态。

我给她调配了平步撑抱桩最基本的姿势后说："就这么站着。无论何时何地，只要他出现在你面前，你就眼睛看着他，以'百魅不侵'的气概面对他。他不来，别想他，你就这么站着。这里的气氛对你有好处，你每天早些来，站站桩，跟大家聊聊天，说说高兴的事，调养调养精神，让心情从紧张中解脱出来，用不了多长时间，状态就会有很大的改观。"

之后她每天来站桩，渐渐地不再说往事了。这个站桩辅导活动结束后，我再没见到她。

半年后的一天，我和同事到太庙办事，正好碰到了她。她的精神面貌变化很大。她告诉我："身体好多了，每天还来，坚持站桩。"我说："站吧，站吧，这儿的气场好，坚持下去，会好起来的。"

这位女士后来的情况，二姑王玉芳了解。

第三例是癌症患者。某年仲夏，一位上了年纪的患者，经人介绍，在夫人的陪同下找到二姑王玉芳学习站桩，二姑叫我多关照关照这位患者。

患者的夫人姓侯，身穿军装，患者身着便衣。侯夫人对我说，患者已被医院确诊为癌症，说还有半年时间，恐怕过不了春节。

我看患者精神状态尚好，就对侯夫人说："通过站桩，不敢说能够痊愈，但或许能延长生命。"

侯夫人问我怎么练习站桩。我结合这位患者的具体情况，按当年芗老给重症患者调配的平步撑抱桩桩法进行了调整。然后我对侯夫人说："先这么站吧。我每星期天都会来，到时候根据情况再调整。每天除了睡觉、吃饭、上卫生间外，就这么站。别把站桩当回事，心里别记时间，能站多长就站多长，稍微有点儿累，就休息休息，放松放松。脑子里别想其他的事情，就是海阔天空地想高兴的事，好像在天空中找人间快乐的事，用俗话说，就是自己给自己找乐儿。养成习惯，你们全家一定能高高兴兴地过春节。"

患者正在专心站桩，我们不便打搅他。我就把芗老教我的休息桩教给了侯夫人，让她回去再教患者。我对侯夫人说："您也站站吧。"侯夫人说："我得照顾好他。"我说："根据情况，过一段时间再练坐桩跟躺桩就更好了。"

之后每个星期天，我都到太庙协助二姑教学。

过了一个多月，侯夫人邀请我到家里做客，告诉我他们家的住址后，说："你来，我出去接。"

一看地址，我意识到这位患者是一位首长，最后我没去。

两年后的一天，我在太庙南门西侧的树林中，看到二姑正和许多人聊天。在这些人中，我看到了这位首长正跟中国科协聂春荣书记聊天。聂老是我国著名的科学家，他曾会见二姑王玉芳，了解芗老的功法和拳学。那时我恰好在二姑家中，二姑叫我向聂老说说，我与聂老聊了将近三个小时。

我不知道这位首长是谁，二姑知道。二姑还跟我说了一些这位首长的趣事。首长全家不仅高高兴兴地过了春节，还不止度过了一个春节。我心里有种说不出的兴奋。

看着这位首长和聂老在愉快地交谈，我想起了芗老说的"只有使他人和自己都快乐才是快乐"的话。此时的我，真正感到了人生的"快乐"。

我深深感到：打倒十个人不如挽救一个人，挽救十个人不如教育好一个"利己利人""利国利群"的人，这就是芗老开创这个"特殊拳学"的初衷。芗老在天之灵正在注视、护佑着我们，继承他"利己利人""利国利群""而期福利人群，提高国民体育之水准"的遗志。

一份手稿

　　大概是 1981 年，姚宗勋师伯叫我到孙闻卿师伯处取一份芗老的手稿。

　　取来的路上，我看了这份手稿。手稿是在从横格本撕下来的纸上，用铅笔写的。内容是站桩治疗心脑血管疾病的经验总结和进一步的探索。手稿删改颇多，显得很乱。孙师伯告诉我，这是芗老叫他整理的，他一直没整理出来。我取回手稿就交给了姚师伯。

　　我很后悔当时没有复印一份（那个年代也不知道哪儿有复印店），不知道芗老这份手稿是否还在。

谁是倒数第一

20 世纪 80 年代初，我父亲和朱垚莘、赵华舫两位前辈在一起聊天时，谈到跟随芗老学习的经历，两位师伯发生了激烈的争论。争论的焦点是：谁是倒数第一？两位师伯都说自己在芗老的学生中是倒数第一，让我父亲评判。我父亲说："我是倒数第一。"

三个"倒数第一"的学生谈拳，很有趣味，也很有深意。

芗老当年对我说："甬想学好，把你那不好去掉就行了。"如今想来，这句话实在是哲理深刻，回味无穷。

什么是意拳

20 世纪 70 年代中期，我问杨师伯："如果您遇到抢劫的，要您的自行车怎么办？"

杨师伯平静地说："给他。"

我问："他要您的钱呢？"

杨师伯说："我跟他说，我只有五毛钱，要就给他。"

我问："他要您穿的衣裳呢？"

杨师伯说："除了'小裤头'（裤衩），给他。"

我又问："他要您命呢？"

杨师伯笑着说："那我就给他'一下'。"

我说："您这'一下'，不就把他打死了？"

杨师伯说："除了命，都是身外之物。"

我说："您这样，岂不是助长抢劫吗？"

杨师伯说："我不是警察。"

1979 年，我问姚宗勋师伯："大爷，您遇到抢劫的怎么办？"

姚师伯说："我跟他说，我身上一分钱都没有，除了命不给，什么都给。"

从两位师伯的回答里，我开始懂得"什么是意拳"了。

说句题外话：姚宗勋师伯从昌平返回城里后，在霍震寰先生的提议、支持和帮助下，很多人希望姚师伯出来，带领大家加入北京市武协，更好地推广这个拳，为人民服务。姚师伯欣然应允。

在申请时，出现了用什么拳名申请的问题。大家经过商议后，认为还是以"意拳"的名称为妥，理由有三：第一，意拳是芗老用过的拳名；第二，意拳能体现这个拳的特点；第三，这是对芗老的怀念。

据此，姚师伯以"意拳"之名提出申请。北京市武协批准后，于 1985 年初，成立了以姚宗勋师伯为第一任会长的"北京市武协意拳研究会"。姚师伯因病未能出席成立大会，实为众人心中的遗憾。

杨师伯讲断手

20 世纪 70 年代中期，我向杨德茂师伯请教断手的练习方法，杨师伯说："你跟你师爷爷学站桩，就按你师爷爷教的，先把桩站好。有了本钱，断手好学，就那么几下子，有个十天半月就会了。没有桩功，什么方法都是花架子。重要的是实作，没有实战经验，练得再好也没用。"

杨师伯让我"把桩站好"，怎么才能站好，这里的学问可太大了。

姚师伯的另一位"老师"

1979 年，姚宗勋师伯在地坛公园给我讲站桩的时候说："我也有不知道、不明白的地方，我就去问老师，这个就是老师。你不知道、不明白的地方，它都能告诉你，你要天天站。"

说"这个"的时候，姚师伯做了一个平步撑抱桩的姿势。

姚师伯教我断手

在展览馆小树林练拳的时候，大家对"对方揪住自己衣领时怎么办"的问题找不出恰当的解决办法。于是我请来了姚师伯。姚师伯一看说："都'二车错'了，国手来了也得输。"说完扭头就走了。

这是让大家自己琢磨解决办法。

下午三点多钟，姚师伯到了我家。问我："想出来了吗？"

我说："我想了，都不对。"

"为什么？"

"我师爷爷说'只有一，没有二'，我想的办法，不是二就是三，甚至还多，太慢，我知道错了。"

"你在我身上试试。"

姚师伯轻轻揪住我衣领，我动作很慢地用一只手按压在师伯揪我衣领的手上面，掰姚师伯的小手指，用另一只手向上托这只手的肘关节。我企图用反关节的方法，掰开师伯的手，然后身子下蹲、反弹，向师伯身后发力。

师伯知道了我的方法，说："再来。你连贯起来，出手要快。"

我哪敢快啊？

但师伯要求，我没办法，动作就快了一些。刚要用手按压在师伯的手上，我感到一股劲儿让我不由自主地向身后"飞出去"，又被师伯及时地拉了回来。

师伯说："对方都揪住你衣领了，一进步，你就出去了。你想想，是对方进步快还是你做那么些动作快？"

道理我明白了，但是怎么办？

师伯教了我好几种解决办法，每种办法都让我在他身上试。必须做连贯了才教我下一个办法。

有个办法我觉得特别带劲儿：用下颌"管住"对方揪衣领的手，腾出自己的双手任意击打对方。

师伯说："对方的手臂伸直了，这样还可以，如果对方保持间架，手臂成钝角，就不行了。你试试。"

我在师伯身上根本用不出来。

师伯告诉我："在已接未触之机，也就是对方刚碰到你衣领，还没揪住的时候，进步用。你再试试。"

师伯一次一次带着我练习，我明白了什么是"已接未触之机""发皆中节"了。

晚上八点多钟，我才跟姚师伯一起吃晚饭。饭后师伯又给我详细讲了讲"用中"的方法和道理。

姚师伯问："你知道你卜大爷（卜恩富）跟宝三（宝善林）的三跤吗？"

"我听说过。说法很多，不知道哪个对。最后三跤两胜，卜大爷赢了。"

"我给你说说。"

　　姚师伯让我当宝三，他当卜恩富，调整好架子，一个跤一个跤地带着我实作。等到结束，已经快凌晨了。

　　躺在床上，我翻来覆去地琢磨白天姚师伯的讲解和示范。我知道，这是师伯在教我断手的原则和方法。

　　突然之间，我又想起了当年芗老教我和哥哥时的话："不要'够着打'。要在已接未触之机，对方不能再变化的瞬间，断其来手。哪怕还差一寸就打上了，手臂也不能伸出去'够着打'。要保持住间架，'够不够，步法凑'。"

　　"灵与不灵在于步，活与不活在于步，步之为用大矣哉！"

第四章

◎

沉潜体认悟站桩

后天的习性掩盖了先天的本性，使得本性、本能日渐衰退，无法调整人体各个器官、系统，令其稳定、平衡、均整、协调地运行，从而导致痛苦。所以通过「静松」，恢复人体本能活力，非常重要。

站桩，是练拳的基本功，还是一门蕴含着中华民族传统文化精髓的大学问。

我少年时期，虽然亲炙于王芗斋先生，受先生耳提面命，对此却懵然无知。而今不觉已到耄耋之年，多年沉潜体认，坚持站桩，再回想当年芗老的言传身教，实在感到三生有幸。

站桩，包括行、站、坐、卧诸多桩法。坚持站桩，可以养生、强身、益智，更能够彰显本性，恢复本能，激发潜能，践行中道。这些年来，我受益良多。

桩，形简意赅。每一个桩法都由姿势（物质）和意念（精神）两部分组成，都有其练习作用、步骤、内容和方法。练习时，重在对过程的体认，须依"规矩之法则"循序渐进，不能好高骛远。

练习时，首先通过平步桩调整身心息，使自身恢复稳定、平衡、均整、协调的"处中"状态，达到祛病健身的效果。有此基础后，要通过桩法"换劲"，再经过"精神、意感、自然力"的基础修炼，完成"触觉活力之本能"的基础练习。

芗老指出："力潜于体内谓之劲，劲奋于体外谓之力，劲力一充谓之混元一炁……混元一炁乃天地造化之根源。"

平步桩和矛盾桩都是身体处于相对静止状态下的"处中"基础练习。平步撑抱桩是平步桩的主要桩法，是基础的基础，重在"换劲""处中""蓄力"。矛盾桩是习拳"筑基"的基础练习，重在"处中""守中""试力""精神放大"。

试力，即通过桩法"换劲"，试试自身积蓄的"劲力"和"触觉活力之本能"以及激发出的潜能能否圆满地达到"召之即来，来之能应，应则必验"的境地。练习的方法因人而异，但主要都是练习"处中""守中"。

芗老说："试力跟站桩是一个东西。"因此芗老教我的时候，没把试力作为一个单项练习教我，而是把试力融入了站桩、走步和推手中。

摩擦步，俗称"走步"，是在矛盾桩的基础上，在整体运动中的试力。摩擦步始于进退身法、步法的练习，继而是直步、跨步、垫步、横步、斜步等练习。之后根据习者的不同进境，进行"身法、步法"互根为用的"处中、守中、持中"练习。

推手是二人运动中的整体试力。芗老说："脱点是断（手），不脱点是推（手），最终解决问题在点上。""推、断是一。"

芗老说："咱们这个拳只有一，没有二。"推手是练习也是实作，善守即善攻也。

以上是站桩的基本步骤，下面我就结合这些年的体悟，谈谈站桩各阶段的练习步骤、内容、方法和要点。

平步桩

平步桩，包括立式、坐式、卧式、扶按式等诸多桩法。立式平步桩又包括很多桩法，主要的是"平步托抱桩""平步撑抱桩""平步推托桩"三桩。这三个桩是由"古式三才桩"发展而成的。

芗老教人，一般以平步撑抱桩为入学初步。

平步撑抱桩继承了"古式三才桩"中的"人才桩"，有着"人居天地之间，顶天立地"的内涵。现在学习站桩，以平步撑抱桩为入学初步，意在效法"天行健，君子以自强不息；地势坤，君子以厚德载物"的精神、品格和气势。

平步桩的练习大体可分为三步，每一步侧重不同。

第一步：调整姿势和意念。

一、姿势

人身各异，需求不同。姿势的安排须"因人而异"，选择"适当、合理、卫生"的桩法。一般来说，平步撑抱桩适合初习者入门。

平步撑抱桩的姿势与练法，芗老在《习拳一得》中有完整的阐述："用功时莫发急，应找个适宜的场地，利用大树的吸

碳呼氧和紫外线的杀菌力，再凝神静气地站立，身体宜直，两
足分开与肩齐，周身关节都含着似曲非直意，内空洞外清虚，
手要慢慢轻松提起，高不过眉低不过脐，臂半圆腋半虚，左手
不往身右来，右手不往身左去，往怀抱不粘身，向外推不越
尺，双手变化在范围里，不计姿势之好坏，更不重式之繁简与
秩序，需体察全身内外得力不得力。守平庸，莫好奇，非常都
是极平易，研究学问不离今古与中西，这种运动真稀奇，因为
世人多不知，不用脑，不费力，并不消磨好时日，行站坐卧都
可练习，这里边蕴藏着精金美玉和无限的深思，钻研起来生天
趣，有谁能体会到这自娱能支配虚空宇宙力。锻炼的愉快难比
喻，飘飘荡荡随他去，精力充沛神不疲，注意顶心如线系，遍
体轻松力如泥，慧眼默察细胞系，如疯如癫如醉如迷，虚灵独
存悠扬相依，海阔天空涤万虑，哪管它日月星辰在转移，只要
你肯恒心去站立，就有意想不到的舒适，这就是诀密。"

二、意念

现在所说的意念活动，实质是精神假借。设想自己躺在
微波荡漾的小船中，或休息，或欣赏沿途迤逦风光，全身须有
轻松、舒适、自然之感。还可设想自己是一根小竹苗（中空有
节），学小竹苗生长。

调整过程中，先要用意念放松身体，在保持姿势的前提
下，全身尽量放松（手可稍稍用力，五指箕张，虎口撑圆）。

身体放松后，逐渐进入到精神放松。这里还要特别注意"面部放松"，要似笑非笑，貌似书生态女郎。

三、原则

平步桩的原则是舒适、自然、平衡、均整。舒适、自然指习者的精神状态、自我感受；平衡、均整既是体内本能调整的过程，也是达到的效果。

四、要点

初习者的基本情况大体相同，区别在"细节"上。

（一）"双脚平放地面"，两腿分开与肩齐，脚尖外分至舒适、自然的位置，成外八字。

（二）"双手环抱胸前，如抱一纸球"，"臂半圆，腋半虚"，"腿宜弯，背宜直"，"似坐非坐"。

（三）"貌似书生态女郎"，"含颔平视"，"似笑非笑"，"膈肌放松"，"腹式自然呼吸"，"似尿非尿"。

（四）"上有绳吊系，下有木支撑。"

（五）"留有余力，留有余兴，循序渐进。"

五、效果

对只求祛病、健身的人来说，如法练习，即可取得良好效果。后期适当增加一些内容，还可进一步养生、强身、益智。

有志于习拳者，还应在上述基础上，进行下一步的练习。

第二步：开始进入习拳的基础练习，也就是"筑基"练习。

一、树立"敌情观念"

树立"敌情观念"，关键是要把"敌情观念"带入日常练习中。丢失了"敌情"，所有练习流于形式，不堪实用。

二、调身、调心、调息

这一步的调身、调心、调息，重在"精神、意感、自然力"的修炼，要打下"锻成触觉活力之本能"的基础。

（一）调身

1. 将"上有绳吊系，下有木支撑"的"绳"和"木"在意念中变换成"牛筋（或弹簧）"，增加外部"牛筋"对身体牵、拉、扯、拽的意念，体认身体内、外的运动变化状态。

2. 体认"顶天立地"和"欲行而又止，欲止而又行，更有行乎不得不止，止乎不得不行"之过程。

3. 调整眼、耳、鼻、舌、身的状态。

眼：似闭非闭，眼观六路，远望地平线。

眼似闭非闭。眼前各种物体挡住我们的视线，看不到地平线。"眼观六路"不是用"眼"看，而是用"心"观。

"眼（心）观"应达到"目（心）中无物"。犹如站在一望无际的原野中，以自己为圆心，放"眼（心）"望去，直达地平线，"六路"指上下、前后、左右，与地平线平齐，形成一个浑元（气场）整体。

耳：耳听八方微雨声。

耳与眼同步。不仅要听到"浑元整体"内的微雨声，还要"听到"口水在体内"顺流而下"直达小腹的声音，并感知到口水、血液的流动。"听、感"在"心"。

鼻：腹式自然呼吸。

"呼、吸"起止于地平线，须"静、慢、匀、长、细"，不能像老牛喘气似的。

舌：舌如神龙搅水。

"舌为肉之梢"，可以活气血、筋肉。"活"指内动，不可妄动。

齿：齿若切金断玉。

"齿为骨之梢"，可以壮其骨。意感要真实，不可真咬。

唇：似闭非闭。

意想从心底发出微笑，有似笑非笑之感，以使全身放松。

指：指尖力透电。

"指（趾）为筋之梢"，指力向外，与天地相连。

发：毛发根根长伸直竖意如戟。

"发为血之梢"，全身血液贲张，体有胀麻感（此种麻，是血液流动之感）。

身：相邻关节都含有"二争力"，节节贯通，"联缀百骸"，"维络周身"，"着藏经脉"，"护脏固腑"，保障躯体活动灵敏。

（二）调心

1．平心静气。

2．"扫除万虑，默对长空，内念不外游，外缘不内侵，以神光朗照巅顶，虚灵独存……觉如云端宝树……其悠扬相依之神情，喻曰空气游泳。"

3．"洪炉大冶身，陶熔物不计。"

4．"神如天马横空立，意似云龙物外遊。"

通过上述练习，进入"证于心源，了无虚空，穷于极处"的境地，以期身心"处中"。

（三）调息

1．呼吸精气：全身呼吸起止于地平线。

2．随着呼吸体认"毛发三千暖风摇"以及"毛发根根长伸直竖意如戟"的情态、意感。

3．体认"虽有呼吸却不觉呼吸"之感，打下"胎息（龟息）"和"吐纳灵源包宇宙"的基础。

调息的门径、方法众多，站桩的调息是兼顾养生效果和技击效率的调息。

没有调整身心息的基础，切不可妄自习拳。

练习方法：调整好姿势，默对长空，遥望地平线，腹式自然呼吸。吸气时，用鼻把气从地平线"静、慢、匀、长、细"

地吸进体内，身体像个空皮囊，随着吸入气的增多，身体逐渐有膨胀之感。当身体膨胀到再也不能"进气"的时候，停住（时间逐渐延长）。然后以口鼻稍快一些地将体内之气呼至地平线，须将体内之气全部呼出，随着气的呼出，身体须有憋缩之感。

呼吸，不仅是口鼻，全身毛孔也在呼吸。吸气时，毛孔随之张开，呼气时毛孔随之闭合。

口鼻毛孔同司呼吸之职。

"吸、呼"过程中，要体认身体胀、缩时，体内和毛孔的开合变化，毛发与大气相呼应的"毛发三千暖风摇"的状态。

"吸、呼"是身体整体的胀、缩，不是肚子的鼓、瘪。

开始时，吸、呼与身体胀、缩以及毛孔的开、合，不可能同步，因此体认过程中，会出现"按下葫芦起了瓢"的情况。这时候不要着急，静下心，经过一段时间的练习，一旦三者同步了，练习过程中就会出现"虽有呼吸却不觉呼吸"的感受。此时即将进入真正的"调息"之境。

练习中，仍须谨记芗老"一想就对，一做就错，有那个意思就行了"的教诲。

《黄帝内经》："余闻上古有真人者，提挈天地，把握阴阳，呼吸精气，独立守神，肌肉若一，故能寿敝天地，无有终时，此其道生。"

在站桩中，"提挈天地""把握阴阳""呼吸精气""独立守神""肌肉若一"都有具体的练法。上述调息练习，即"呼吸精气"的初步练法。

明代著名医家张景岳："呼接于天，故通乎气；吸接于地，故通乎精。"以习拳而论，芗老诗日："吐纳灵源包宇宙，陶熔万物转乾坤。"

上述练习纯熟，身心变化大矣哉！习者深入练习，自然能知其妙。

调息练习是"锻炼神经，调剂呼吸，通畅血液，舒和筋肉"的重要一环，更是试力、试声等的关键，万不可忽之。

三、试力

此时的试力是在"三调"基础上的练习，重在体认身体各个关节的六面力（浑元争力），以及在"静动""松紧"状态下，"力透敌背"的"意力"基础运用。

四、松

什么是松？

第一步练习中我们说，在保持妥当姿势的前提下，全身尽量不用力，这就是"松"。其实这时体内相关肌肉群处于"松紧"的运动状态下。

芗老这样讲松：把手慢慢张开，张到不能再张的时候，手处于又紧又僵的状态，然后再把手慢慢放松，松到不能再松的时候，手处于又松又懈的状态。当体认这两种状态的中间状态的时候，是又紧又松，说不清是紧还是松，这种状态就是"松即是紧，紧即是松"的状态。

松，指的是"松紧"的中间状态。这个中间状态，可以说是松，也可以说是紧。

为什么只说松，不说紧？

这是使习者在精神上不增加"紧"的负担，对恢复本能活力有利。

五、"恢复本能活力"的基础练习

"恢复本能活力"要运用"精神假借"。练习须体认有些微外力、乃至外力带起的微微风力加之己身的时候，身体、毛发有没有感应的能力。一个具体的练习方法，即前文所述"有个蚊子要咬你怎么办"。

第三步：在上述练习的基础上，进行整体练习。

所谓整体练习，就是把上述练习圆融在一起的"精神假借"练习，也就是芗老所说"试力跟站桩是一个东西"的初步练习。

站桩即是试力，试力即是站桩，要做到分不清是在试力还是站桩。

芗老说："这是傻子的架式，聪明人的功夫。"怎么理解这句话?

　　现在有人说,站桩要"傻站"。这里对"傻"要有正确认识:当我们掌握了站桩的实质,一心一意地、心无旁骛地"用规矩之法则"指导自己练习,外人看着你像个"傻子"似的,实际你却是个聪明人。这种"傻站"是必须的。

　　不知道"站在这儿干什么",摆个姿势傻站着,就是个真傻子。这种"傻站"虽然也能有些收获,但不入正轨,效果相差甚大。

　　这个阶段的练习,用芗老的话说就是"如疯、如癫、如醉、如迷"。不入此境,难得站桩之妙。

矛盾桩

有了平步桩整体练习的基础，就可以进入矛盾桩的练习。

矛盾桩是身体处于不平衡状态下调整身心息，"处中、守中"的练习。矛盾桩与平步桩的练习状态有很大不同，平步桩是在"静松"的状态下练习，要做到"舒适、自然、平衡、均整"，矛盾桩是在"间不容发、生死相搏"的状态下练习，要做到"舒适、得力、平衡、均整"。状态变了，练习的内容和方法必然随之改变。

矛盾桩的练习大体可分为五步：一、学小松树生长；二、身法练习；三、松紧练习；四、试力练习；五、"精神放大"练习。

一、学小松树生长

松，质坚皮厚，岁寒而不凋。南朝范云《咏寒松诗》曰："凌风知劲节，负雪见贞心。"

"足如树根，向下生长，汲取大地营养，稳固自身。身如树干，不断粗壮；头如树梢，向上生长；臂如树枝，向四外伸展；汗毛如树叶，追寻阳光，随风飘荡，吸碳呼氧，造福众生。"这是芗老用借喻的方法，启发学者修习"六面浑元争力"。

二、身法练习

身法练习重在灵敏。灵在心意，敏在身形，活在本能。

练习方法如前所述，设想自己在海中漂浮的木板上前进，不管海上天气如何变化，都不能掉下木板，直到抵达陆地。

这是精神、意感、自然力的深入修炼。

三、松紧练习

有松才有紧，有紧才有松。只有松没有紧，是懈；只有紧没有松，是僵。松紧是一体两面，对立统一。

"松即是紧，紧即是松，松紧紧松勿过正。"这个阶段要认真体会这句话。松紧练习须与静动练习相结合，须在"缓、慢、匀"中体认运动过程的细微变化。

四、试力练习

练习试力的方法很多，无论哪种方法，都要注意力的大小、方向和力的平衡、均整。前文提到，芗老曾教我意想推拉树枝的练习方法，熟练后还须进一步练习：

设想自身被一棵大树"包裹"着，当你想拉前面一棵大树的树枝时，总有一股反向力阻止你，这时候体内的劲力有哪些变化？怎么才能将前面大树的树枝拉弯？

这步练习是以后"顿开金锁走蛟龙""精神放大桩"等练习的基础。

推拉之后的"抱树"练习，须在"舒适、自然、平衡、均整"的状态下体会"本能活力"，不能出现憋气、心跳加快的现象，更不能给身体各个器官、系统增加负担。

抱树不能死抱，要"似抱非抱"，身体内侧与树的表面"贴抱"得圆满无缺。从缓慢匀速运动中体认"提、推、拔、栽、摇、旋"的复杂变化，体认自身"意力"在变化过程中的反应。如此专心体认，理趣难以尽说。

试力练习，就是要在"精神假借"的矛盾中进行。

人的生理能力是有限度的，人的精神、意志是不可思议的。

为了胜利，邱少云烈士的意志非一般人可以想象，这恰恰是中国人民志愿军精神、意志的体现。

芗老告诉我们："造诣何能尔，善养吾浩气。总之尽抽象，精神须切实。"

精神、意志的力量，意识的影响和作用，不可想象。

这就是这个"特殊拳学""重在精神、意感、自然力之修炼"的根本原因。这也是一般的武术套路、招式、技巧难以企及的。

五、"精神放大"练习

矛盾桩练习的重点是"精神放大"。从精神放松到精神放大，从"舒适、自然、平衡、均整"到"舒适、得力、平衡、均整"，都是为精神放大打下基础。

精神放大是应敌瞬间精神、意感、自然力即将爆发的状态。

没有前期的基础，难以进入精神放大的练习。

走步

"走步"是运动中的身法、步法整体练习，是"处中""守中""持中"的综合练习，也是运动中的整体试力。

"走步"的练习大体可分为三步：一、"起步如拔泥，进步似卷席"；二、"战战兢兢，如履薄冰"；三、"如临深渊，落在实处"。

一、起步如拔泥，进步似卷席

走步练习的预备姿势是矛盾桩，要意想自己站在齐踝深的泥塘中，双手与正前方某个固定物上的一个点（可设想为敌方统帅的鼻子），以牛筋相连，成牵拉状。

（一）进步练习。头带全身，身体重心前移至舒适、得力的位置，将在泥塘中的后脚与地面平行"拔"起。

意想头上顶着满满一碗水，脚下有一张平铺在泥塘中的席子。后脚与地面平行着向前脚踝处"推行"的过程中，水不能洒出来，肩不能一高一低，须保持平衡；头带全身，以身体中线为轴，均匀、缓慢、旋转着向前"推行"，头不能随着身子的旋转而旋转，双眼一直注视着"远方固定物上的那个点"，同时还要将脚下的席子卷成席筒前行。

前行过程中须体认"拔""推""卷"以及"欲行而又止，

欲止而又行，更有行乎不得不止，止乎不得不行"的动荡、变化，还要进一步体认在意识统帅下，"意力"方向相反、大小相等的状态和作用。

"推"着后脚前行的劲力须稍大；后脚与前脚踝齐平时，拧转身体，后脚转换成前脚，继续卷着席筒向前"推"。后脚落到实地时，头带着全身"拔"起，前脚变为后脚，要体认"拔"起时身心息的变化状态。

整个走步的过程为：提、拔、推、卷、旋、卷、推、落、踏。

上述练习熟练后，身体能稳定、平衡、均整、协调地前行了，再进行下一步练习。

（二）退步练习。练习要领同进步练习，惟前后方向相反。

（三）体认气场。进、退步熟练后，要体认体内和体外气场的状态。

体认的内容如芗老所言："全体之意力圆满否？其意力能随时随地应感而出否？全身能与宇宙之力起感应合否？假借之力果能成为事实否？"

（四）"一触即应"练习。以上练习纯熟后，进行直步、跨步、垫步、横步、斜步、错步等各种身法、步法练习，最后将各种身法、步法打乱，锻炼"一触即应"的能力。

（五）排除干扰练习。练习时须意想突然有些微外力加之己身时，身心应如何感应，如何将"外力"瞬间排除，使自己仍然保持"处中""守中""持中"的状态。

（六）进阶练习。再进一步，则要把对方置于自己的气势范围内，有"无的放矢中的有的放矢"的精神、意感、自然力。

二、战战兢兢，如履薄冰

走步练习中的每一步都不能华而不实。每一步都是在"泥塘"中行进，即"足腕如兜泥"，要体认劲力的动荡、变化；尤须体认意念中手与远方固定点由"牛筋"牵拉的弹力对自身劲力的影响、作用。

在"足腕如兜泥"的意念中还要增加"如履薄冰"的意感，要想"落在冰窟窿边上的薄冰时怎么办"。战战兢兢，如履薄冰，专心致志，小心翼翼，在"自然"的基础上体认身心息"舒适、得力、平衡、均整"的状态。不管出现什么情况，都要保持"貌似书生态女郎"的神态。

三、如临深渊，落在实处

进步练习时，当后脚转换为前脚，落地时须有以下意念：

落在悬崖边上怎么办？落在滚动的圆石上怎么办？落在种种不利的地方怎么办？落脚须有"出寻问路""如临深渊"之意感。当"一触"到地的时候，须有是否落在得力处的感觉，一旦感觉不得力，要能及时将脚收回，另找得力的实处。要仔细体认此时的身心状态，身心须放松，不能紧张。

当脚确实落在得力的实处时，前脚还须踏出半脚左右的距离。此时是"踏"，如奔马前蹄踏地一般，此是"发力"前一刹那的状态。

四、小结

走步是在"精神放大"练习后的动态练习，须有在"精神放大"基础上，身如利箭，射入敌群，直取上将首级的精神状态，更要有眼观六路，耳听八方，阻我者死，挡我者亡，"一触毙敌"的意感和"身形应当似水流"的无孔不入的自然力。时时刻刻，随时随地，须"目（心）中无物"，以自己为"圆心"，将所有顽敌笼罩在自己混元浑厚的气场、势力范围内，令其无处可躲，无处可逃。

在自己混元浑厚的气场、势力范围内，还要有"无的放矢中的有的放矢"的触觉活力之本能。

这些都要通过练习平步桩、矛盾桩打下深厚、牢固的基础。否则，走步充其量是"重形轻意"的形式主义罢了。

推手

推手是"用中"的点力练习，从定步单推手开始，经过定步双推手、活步单推手，最后进入活步双推手。推手既是对此前练习的综合运用，也是为断手打基础的练习。

《断手述要》："意拳之技击专讲断手，意即断敌所来之手。"

芗老还说："脱点是断（手），不脱点是推（手），最终解决问题在点上。"

可见"推、断是一"，推手既是练习也是实战（实作）。

推手要知点儿、听点儿、用点儿。点力的练习，开始要求"慢优于快，缓胜于急"。要仔细体会对方"点"上的变化，任何细节都不能草草略过，最终使自己具备在任意时刻作出正确判断，并运用神、意、气、力、形截断对方来手的能力。

通过一定的练习，动作可以逐渐加快，使自己在双方已接未触时，即能作出正确的判断。

一、知点儿

知点儿的"点"，是双方接触的那个点，也就是支点或力点，这个点上作用力和反作用力是同时存在的。

双方搭上手后，要能感知对方的"点"上是拙力还是功力。

若是拙力，即肌肉注血之力，则可初步判断，对方运用的是直力。

若是功力，则须在感知的基础上"听"。

练知点儿，是先从两臂接触的点练习，再逐渐扩大到身体任意部位的点。

二、听点儿

听点儿的"听"，不是用耳朵听，而是用心听，是触觉活力之本能的反应，是感、知、觉、悟的修炼。

双方搭上手，就有了接触点，在这个接触点上要通过"心"感觉到对方的心性、功力、用力方向和大小，判断出对方的意图。再进一步，要能截断对方的来力并控制住对方，使其"失中"而不能动、不敢动，乖乖听自己的指挥。高手通过呼吸带动血液流动的状态，就能"听"到对方的实力，并"听"出对方是友好切磋，还是心怀不轨。

芗老说："搭上手，要有'我不听你的，你得听我的'的能力。"

芗老还说："打人容易摔人难，摔人容易制人难，制人容易服人难。"

打人、摔人、制人、服人，让人心怀敬畏之心，心服口服，这是"推手"的四层境界。

三、用点儿

用点儿，指神、意、气、力、形在"点"上的运用。点上的"意力"怎么用？我没有学到，不敢妄言。

四、体会

知点儿看起来比较容易，但想想芗老提出的"有个蚊子要咬你怎么办"的问题，就会知道知点儿并非易事。

听点儿比知点儿难多了。搭手（或接触）的瞬间就能判断出对方的心性、意图、功力、运力方向与大小，判断出双方的差距，是很不容易的。

用点儿最难。知道"点"了，在点上也能听出对方的情况了，就进入了用点儿的练习。简单说，用点儿就是"怎么办"。

杨德茂师伯和姚宗勋师伯都曾带我练习过推手。

跟杨师伯一搭上手，我感觉不到师伯小臂上的点在哪儿，我一动就好像自己要栽进一个无底洞似的，心里就慌了。

跟姚师伯一搭上手，我感觉师伯小臂上"处处是点"，随着师伯动没事儿，一旦有了自己的想法，不跟着师伯动了，立时感到点上轻微地一震，内脏像被小棍儿搅了一下似的，直翻腾，特别想吐，脑子也晕了，整个人连北都找不到了。

我感到：杨师伯是"绵里藏针"，姚师伯是"百炼钢成绕指柔"，两位师伯是从不同的境地教我。

这个拳的一触、一松一紧、一静一动、一惊一震，太玄妙了。

练习步骤

练这个拳，每一步都要在上一步练习的基础上进行。芗老让我把站桩融入生活，前文也提到，如果有时间，要把平步桩、矛盾桩和走步连贯起来练习，大约需要三小时。

现代社会工作、生活的节奏比较快，如果确实没有时间，也可以单独练习。

例如练习走步，最好先站一二十分钟的平步桩、矛盾桩，如此能使练习连贯起来。这加起来也要一个多小时。要是时间还不够，可以在意识中承续前一阶段的练习。

芗老逝去多年后的一天，电台预告播送裘盛戎、谭富英、张君秋、李多奎的《铡美案》。我跟我夫人说："别打搅我，我到小屋去听，你们先睡吧。"

快到时间了，我一个人在小屋关了灯，开着收音机，一边站矛盾桩，一边开始听戏；听着听着，我进入了站桩的状态中，听不见唱戏了，后来连站桩的意识都没了（这是之后的回忆）。

我夫人推开房门，看我还在站桩，说："都播完了，孩子早就睡了，你也睡吧。"这我才从站桩的状态中"惊醒"。我想开灯整理床铺，可是全身僵住了，动不了；过了好一会儿，我端着站桩的架子，蹭着走到灯绳前，用牙咬住灯绳，全身向下，才把灯开开。又过了一会儿，身体才慢慢活动开了。

躺在床上，我想起了姚宗勋师伯一站站好几个小时的体会："除了嘴能动（说话），哪儿都动不了，需要别人帮助，才能慢慢活动开。"

经过这些年的体认，我认为：对初习者，尤其是对病人来说，不要也不应该如此练习。对有一定站桩基础的习拳者来说，这种情况并不是主动的，而是在精神假借下出现的"自我调整"过程中的特殊情况，既不能执著也不能追求。

现在绝大多数学站桩的同志都是业余练习，主要目的是养生、健身，还是应以平步撑抱桩为主。

1959 年，张越千师伯在中山公园送给我的"见面礼"是一句话："药补不如食补，食补不如气补，气补不如神补，神补不如这个补。"说"这个"的时候，张师伯做了平步撑抱桩的示范。

1979 年，姚宗勋师伯在地坛公园讲站桩的时候说："这个就是老师。"说"这个"的时候，姚师伯也做了平步撑抱桩的示范。

平步撑抱桩是"养技合一"的桩法，我们要重视。

现在很多学站桩的同志，钟情于浑元桩。浑元桩是意拳的拳式基础桩。没有平步撑抱桩"养技合一"的基础，练不好浑元桩。

对静的理解

站桩多年，体认多年，我深感站桩的"静"很重要。

《道德经》："归根曰静。"静，指心静。静的修炼亦有其步骤，依次为收心、正心、专心、定心、静心（清净心）。

收心："用规矩之法则，缩回身中散乱驰外之灵气，返归于内，正气复初，血气自然不加于其内。心中虚空，是之谓中，亦谓之道心。"

正心：正，上一下止，止于一乃为正。"一即一切，一切即一。""心正行不偏"，"不偏之谓中"，"中者天下之正道"。

专心：心无旁骛，一心一意，全心全意，专心致志，一以贯之。

定心：定中生慧。

静心（清净心）："菩提本无树，明镜亦非台，本来无一物，何处惹尘埃。"

静松是根本

古圣先贤、武林前辈在长期的实践中深刻认识到：人在后天生活中，由于种种原因，养成了"紧动有余，静松不足""背离中道"的习惯。习惯成自然，而且"十倍于自然"，这就是后天的"习性"。后天的习性掩盖了先天的本性，使得本性、本能日渐衰退，无法调整人体各个器官、系统，令其稳定、平衡、均整、协调地运行，从而导致痛苦。所以通过"静松"，恢复人体本能活力，非常重要。

《道德经》："致极虚，守静笃，万物并作，吾以观其复。夫物芸芸，各复归其根。归根曰静，静曰复命，复命曰常，知常曰明，不知常，妄作凶……"

《大学》："大学之道，在明明德，在亲民，在止于至善。"

芗老说："咱们这个拳是身心性命之学，气质本能之道。"

大道在"寂兮廖兮，独立不改"（静）、"周行而不殆"（动）的"一静一动"中孕育、生成了天地、万物、众生，泽披万物，不偏不倚，一视同仁。

静与动是对立统一的，有静就有动，分别在"中"的两边。

松与紧是对立统一的，有松就有紧，分别在"中"的两边。

佛家曰：舍此两边，乃为中道。

静中松，动中紧。"静、动、松、紧"无法分割，上下、虚实、柔刚，亦复如是。

静是根，松是本，根深本固。

关键在细节

初学站桩，习者的精力往往放在"姿势是否正确"上。

姿势是外形，随着练习的深入、意念的变化而变化，并非一成不变。因此练习中既要重视姿势，又不能执著于姿势。"意自形生，形随意转。"

站桩是"有定规，无定法"。规矩不能变，方法"因人而异""因需求而异""因时而异""因环境而异"。

例如"上有绳吊系，下有木支撑"，这是"规矩"。具体到不同阶段，由于意念和练习内容的变化，"绳"和"木"也随之变化，练习方法也必然随之变化。

平步桩的练习，是"上有绳吊系，下有木支撑"，重在打下牢固的"静松"基础。矛盾桩进入习拳阶段，"绳"和"木"变换为"牛筋"，成了"上有牛筋吊系，下有牛筋牵拉扯拽"，这样练习的内容和方法就跟"绳吊系""木支撑"不同了。矛盾桩重在打下"枢得环中，以应无穷"的"松紧"基础。

"上、下、左、右、前、后""静、动、松、紧"乃至"虚、实、柔、刚"是"精神、意感、自然力之修炼"的规矩，把"绳""木"变换成"牛筋"是方法。

方法要服从规矩。在平步桩阶段进行"松紧"练习，在矛盾桩阶段进行"静动"练习，是颠倒错乱，不合规矩。

这就是芗老要我在平步桩练习中"学竹"，在矛盾桩练习中"学松"的原因。

《道德经》："归根曰静。"树木无根不长，根深本固，才能成为参天大树。

宪法是一个国家的根本大法，是一切法的"母法"。其他法必须服从宪法，任何单位、企业的规章制度必须服从宪法，否则就乱套了。

站桩不同阶段的练习，更多体现在意念、方法的细节上。

20世纪90年代后期，有位同事跟我谈起他练习站桩的经过。他说："我在北京市运动会的摔跤比赛中，曾取得了第四名，为了提高水平，开始练习站桩。老师要求头上如有'巨石压顶'。练习了几个月，我觉得'巨石压顶'难受得厉害，就不练了。"他问我："是不是站桩有问题？"

我请他站站。

粗看他的姿势没问题；仔细看看，再问他的意念活动，问题出来了。

我对他说："站的时候，下颌回收一点儿，好像夹着个纸球，'上有绳吊系'的同时还要有'顶心下陷'的意念，使上下的'意力'平衡。你先这么试试。不行，再进一步调整。"

结果第二天一早，他就找到我说："我回家按您说的站了一个多小时，'巨石压顶'的感觉没有了，还挺舒服。看起来不是站桩有问题，是教的、练的有问题。"

身体任何部位的"意力"都要达到"稳定、平衡、均整、协调"的"处中"状态，这是"规矩"。如何不失规矩，是要重点修炼的。

芗老当年跟我父亲说过一件往事。

一天，芗老从郭老屋里往外走，一只脚刚迈过门槛，被郭老叫了回来。郭老叫芗老把鞋脱下来，然后拿着芗老的鞋申斥道："鞋底子都磨偏了。走路都不正，还练什么拳！"

从此芗老开始注意走路。回到家里，芗老跟母亲说了这个事。芗老说："很长一段时间，鞋底子稍一磨偏，我就换新鞋。这可累坏了我妈妈，天天给我做鞋。直到后来鞋底子磨得一般平，我妈妈才不天天给我做鞋了。"

芗老住在我们家的时候，我父亲看过芗老的鞋底，前后左右磨得一般平。

我在教站桩的时候，经常注意学员脚上穿的鞋，基本上都是磨偏的，只是程度不同。我就给大家讲芗老说的这个往事，告诉大家"心正行不歪""行正鞋不偏"的道理。鞋底子不偏，体现着一个人的心性。

站桩的时候，要求双脚成"外八字形"，不少人脚的重心在脚外侧。我就对大家说："脚要放平，重心不能偏。这样脚脖子才有拧、裹、提、插的劲儿。以此扩展到'五个脖子'（脖子、手腕子、脚脖子），全身才有'虚灵挺拔，撑拔拧裹'的劲力。"学员们注意了，练习的效果也提高了。

　　姿势体现的是习者的精神、意感、自然力和体内各个器官、系统的运行状态，姿势妥当，才能取得预期的效果。

　　细节决定成败。有些问题往往出现在细节上。练习错了，不如不练。所以站桩不仅要注意规矩，更要注意细节。

　　"姿势确为神意之代表，本能活力之所循"，旨哉斯言也！

力与劲

力和劲的关系，是站桩中一个值得深入探讨的问题。

力是物体之间的相互作用，是使物体改变运动状态或形态的根本原因。力有三要素：力的大小、方向与作用点。

经典力学研究力的时候，往往会忽略物体内部的相互作用力。人体内部的运动、变化不可能忽略不计，因此用力的概念认识、解释拳学，就不行了。

中国的拳家，在拳学上不讲"力"，而是讲"拳劲儿"。

什么是拳劲儿？很多武林前辈都有论述。

芗老对拳劲儿的阐述："力潜于体内谓之劲，劲奋于体外谓之力，劲力一充谓之混元一炁。"

这个论述的关键是"奋"，核心是"混元一炁"。其实意拳中所讲的拳劲儿，往往讲的是混元一炁。

芗老也说力，例如试力、神意力之运用。这里所说的"力"，不是力学中的"力"，而是"奋"出来的混元一炁。

混元一炁无形、无相、无名，"可以为天下母"，强名之曰拳劲儿。没有拳劲儿的拳，不具备这个拳的特殊性，充其量是悦人耳目的舞蹈、体操；具备了浑厚、笃实的拳劲儿，"一抬手，一投足"就都能体现出这个拳的"特殊性"。

规矩与方法

人身各异，素质不同，体质不同，需求不同。

芗老教站桩，"有定规，无定法"，以满足不同习者的不同需求，得到良好效果为原则。在实际教学中，芗老注重"因人而异，因人设式，因人施教"，选择"适当、合理、卫生"的方法授人以渔。

前面提到，芗老教人，一般以平步撑抱桩为入学初步。看大家都是一个姿势站着，"这个姿势"却能适应不同习者的具体情况，满足不同的需求，并收到良好的效果。这里面究竟有什么诀窍？

我很长时间不懂。后来经过多年的体认与实践，我才逐渐明白，这个诀窍，其实就是姿势细节的调整和"意识的统帅作用"。这些调整细微甚至无形，旁人很难看出来，却是关键。

姿势调整好后，芗老会授以"规矩"。规矩言简意赅，只有三个字——松、静、中。

静在自然，松在自然，中在"心中虚空"。所以初习站桩者要做到舒适、自然、平衡、均整。在轻松、舒适、自然的状态下，通过意识调整自己的"身心息"，进入"稳定、平衡、均整、协调"的状态，恢复本能活力，践行中道。

调整意识的原则："一想就对，一做就错，有那个意思就行了。"这是"不执著，不著相"，为的是不给身、心（大脑）增加负担，在轻松、舒适、自然的状态中恢复本能活力。

"一静一松，道蕴其中"的规矩不能变；保证规矩的方法、姿势意念的调整方法，却是因人而异，无定法。

芗老的学生很多是有名的武术家，他们莫名其妙地败在芗老"一触"之下后，才心悦诚服地拜师芗老；后来很多前辈都能轻松、自如地"打人如挂画"，但他们所学、所练却不尽相同，为人津津乐道。

祛病与健身

《拳道中枢》："初习为基本桩。"

基本桩是一个完整的修习体系，具有"祛病、健身、养生、筑基"的功效，浑元桩、养生桩都包含在其中。

新中国成立后，绝大多数跟随芗老学习站桩的都是各种慢性病患者。此时期出现并发展起来的"养生桩"，是芗老把基本桩中"一部分养生和筑基"的修炼方法"删除"，以帮助患者"祛病、健身"为主要目的的桩法。虽然删除了基本桩中的部分内容，但养生桩在内涵上与基本桩是一致的。这就是一些患者恢复健康后转入习拳练习，在明师指点下能较快地成为武林佼佼者的根本原因。

习拳者在初学时，仍要经过祛病、健身的练习阶段。

有人说：我没病，身体强健；我学拳，不需要祛病、健身这个阶段的练习，直接进行筑基的练习就行。

要知道，芗老开创"特殊拳学"，所说的"祛病、健身"不同于人们一般理解的"祛病"和"健身"。芗老要大家祛除的，是不符合拳学要求的"病"。因此，习拳者必须经过"祛病、健身"的修习，不仅不能舍弃，还要加强。

我这些年站桩多有体会，人身各异，各有难通之点、阻滞之处；这使得身体各个器官、系统的功能不能正常、协调地发挥，从而导致身心的种种痛苦。很多人看似身体强健，实则身心潜藏众多问题而不自知。

初习站桩，是通过"舒适、自然、平衡、均整"的姿势配备，调整习者"身心息"的状态，调动自身的本能，"自力更生"地打通难通之点，疏通阻滞之处，"锻炼神经，调剂呼吸，通畅血液，舒和筋肉"，使习者收到养生、强身、益智的功效，逐步具备彰显本性、恢复本能、激发潜能、践行中道基础的过程。

在打通难通之点、阻滞之处的过程中，必然出现各种不同的反应。初习者对这些反应往往产生好奇和困惑，这就需要教授者及时予以解答。

总的来说，教授者首先要分清这些反应是否正常。

正常的反应，以"来者不拒，去者不留""既不追求也不执著""任其自然"的态度待之即可。假以时日，随着身体各个器官、系统功能的日益恢复，反应自会消失或出现新的情况。

不正常的反应，须及时调整姿势和相应的意念活动，以确保习者的安全，使之回归正道。

芗老说："别把站桩当任务，累了就休息，不要累了还坚持，最好连'我要站桩'的想法都没有。"

练习过程中，心越静，精神越放松，对各种反应本着"来者不拒，去者不留""既不追求也不执著""任其自然"的态度待之，及时调整不正确的姿势，就能得到意想不到的效果。

经过一段时间，习者掌握了基本的原则、方法，就可以在站桩大原则下，辅以轻、柔、缓、慢的动作，如"撩水""推水""拨水""提水""似在空中飞翔"等进行锻炼。

一般情况下，轻症患者通过三个月到半年左右的练习，身体多能得到恢复。重症患者通过更长时间的练习，大多也能取得意想不到的效果。

对患者来说，站桩是医疗的辅助手段，练习期间仍须遵医嘱进行治疗。随着练习的不断深入，身体本能渐渐恢复，身体素质不断增强，自会渐渐恢复健康。

随着站桩的不断深入，患者的陈年病灶也会日渐清除，这被称为"排病反应"。在这个过程，患者会出现各种难受甚至痛苦的感觉，有些患者的陈年病灶会发生剧烈变化，使患者承受难以想象的痛苦，这是自身的本能在清理病灶过程中的正常反应。这期间患者不能懈怠，要克服困难，坚持练习。老师也要密切关注患者的变化，及时给予引导、调整，帮助患者增强信心。度过这个阶段后，身体状态往往会有一个大的提升。

站桩能够祛病、健身，意识的影响作用是关键。站桩的意念活动，是其特殊之处。医生能治身病，难治心病，更难治需要"正心诚意"的心灵病。练习站桩的过程，不仅仅是祛病、健身的过程，还是一个潜移默化的"修心"过程。心底无私天地宽，坚持站桩，习者能更全面、辩证地认识和处理问题，修正了心念，增加了智慧。

许多的实践证明，站桩是一种简单易行、省心省力的"增强人民体质，促进全民健康”的优秀功法。

　　我真心希望，更多医疗工作者能够了解、学习站桩，将站桩作为辅助医疗的手段，惠及更多患者，促进“全民健康”的伟大事业；我更希望对中华民族优秀传统文化具有真知灼见的方家大德，能掌握站桩的精髓，揭示其本质，为发扬中华民族优秀传统文化作出新的贡献。

第五章

◎

问与答

『提挈天地，把握阴阳，呼吸精气，独立守神，肌肉若一』是理论阐述，在芗老的站桩中都有相应的修炼方法。这些方法都需要我们后学深入探寻、挖掘、掌握、运用。

什么是意拳

这个问题在《拳学新编》里有明确的解释："……复为阐明拳理发扬拳学计，于 1926 年倡导意拳。拳以意名，乃示拳理之所在。其练习方法，重在站桩以求实用，不讲求形式演变之套数。无论动静，皆以意领导，使意、气、力合一，以尽拳功争力之妙用。正拳名曰意拳，意在泯宗派内外之纷争，以存拳学之真义也。"

我对此略有思考，阐述如下。

《说文解字》："意，志也。"意字，上音下心，乃心之音。

世界上没有没有运动的物质，也没有没有物质的运动。

郭老云深说："静则为性，动则为意，妙用则为神。"这就是说，心清静无为时，体现的是人的本性，心一动就是意，意是承载着心性信息的物质运动。

眼、耳、鼻、舌、身、意这"六根"，所代表的是人的本能。

《说文解字》："性，人之阳气，性善者也。"

《金刚心总持论》："心喻舍，性喻王，斋戒清净喻城墙。"王居心舍，号令天下。心、性是一。

生命体赖本能得以生存，本性决定本能，本能体现本性。人是高等动物，有复杂的意识，人的一切行为都受自己的意识支配。"意"是与生俱来的，源于本性。意识既具有先天本能的"意"，又有后天习惯形成的"识"。

本能、意识、能量是意拳的三个相互影响、相互作用、相辅相成的基本要素，缺一不可。怎么才能使这三个基本要素均衡地发展？

芗老告诉我们："甭想学好，把你那不好去掉就行了。"这句言简意赅的话，蕴含着深刻的哲理和儒释道三学的精髓。

拳术的原始意义是人类为了争夺生存、发展、繁衍的空间，通过本能在与野兽搏斗的实践中，不断积累起来的经验形成的手段、方法和技巧。在搏斗中消耗大量的能量，如何补充、供给运动所需的大量能量，恢复自身的体能成了必须解决的问题。

如何从大自然中汲取能量和激发自身的潜能，成了解决问题的关键。

很多古圣先贤、武林前辈都讲"返璞归真""后天返先天"，但大多缺乏系统性。芗老根据《黄帝内经》"上古有真人者，提挈天地，把握阴阳，呼吸精气，独立守神，肌肉若一，故能寿敝天地，无有终时，此其道生"的经典论述，在继承、挖掘的基础上，结合自己四十余年的习拳经验，"参以学理，证以体认"，深感"中国古代之拳术，皆是形简意繁"，于是根据个人情况，对自己所学大胆地筛选、削砍一番，把没用的舍弃，能合并的合并，用更简单更合理的方法取代，结果倡出意拳。

"提挈天地，把握阴阳，呼吸精气，独立守神，肌肉若一"是理论阐述，在芗老的站桩中都有相应的修炼方法。这些方法都需要我们后学深入探寻、挖掘、掌握、运用。

"学术理应一代高过一代，否则错误。"若要一代高过一代，需要站在前辈的肩膀上继续攀登。但发展是在继承、挖掘精髓的基础上，结合具体实践所需的发展，不能按自己的想象发展。

芗老有三句名言。

"学咱们这个拳要具备三个条件：狮子般的体魄、猴子般的灵敏、清醒的哲学头脑，其中清醒的哲学头脑最为重要。"

"咱们这个拳有两性，兽性和德性，其中德性最重要。"

"咱们这个拳，只有一，没有二。"

芗老说："盖拳道之真义，可云与人生大道同其凡常，亦可云与天地精微同样深奥，不以其道而习之，终身求之不可得；果以其道而习之，终身习行不能尽。"

拳，源于生活，只要人类存在一天，人类的生活就不断向前发展，生活无尽头，拳也无止境。

意拳重在精神、意感、自然力之修炼。

精神，是生理、心理状态的反映，亦即身体各个器官、系统功能的外在表现。

意感，指的是眼、耳、鼻、舌、身、意的"感"。

自然力，指的是本能活力。

芗老告诉我们："咱们这个拳就是要做到两个转化，把后天的能力转化为先天的本能，把消极的本能转化成积极的本能。"

做到两个转化，"锻成触觉活力之本能"，也就迈进了意拳的殿堂。

所以芗老在阐述拳道赋予习拳者的使命时指出："其使命要在修正人心，抒发感情，改造生理，发挥良能，使学者精明体健，利国利群……利群乃吾人之天职，亦其基本要项。"

大儒王阳明："无善无恶心之体，有善有恶意之动，知善知恶是良知，为善去恶是格物。"

"是非之心，不虑而知，不学而能，所谓良能者也。"

"利国利群"是意拳的宗旨。

所以什么是意拳？

意拳是"身心性命之学，气质本能之道"，是培养人的精神、意志，彰显本性，焕发本能，激发潜能，践行中道的拳。简单说就是"本能拳"。因此意拳没有后天人为的套路、招式，"重在精神、意感、自然力之修炼"。

这个拳"特殊"在什么地方

"特殊拳学"的"特殊"之处，可以概括为三个方面。

第一，拳学思想特殊。

芗老的拳学思想可以概括为：源于生活，根于虚静，归于简易，永无止境。本能、意识、能量是这个"特殊拳学"的三个基本要素。因此，"今夫本拳所重者，在精神，在意感，在自然力之修炼"。

第二，拳学理念特殊。

芗老的拳学理念可以概括为：拳来自全民的生活实践，应为全民谋福祉，最通俗、最简易、最基本的即是最高级的。这个拳是"全民拳"，并非"世之所见一般为之拳"的拳。

第三，习练方法特殊。

这个"特殊拳学"的基础修炼方法"即为站桩"。站桩不仅仅是习拳的基本功，还是一门蕴含着博大精深的中华民族传统文化精髓的大学问。它是"认识自我""改造自我""空洞无我"的修心法门，是一种"修行"。

芗老为什么开创这个"特殊拳学"

芗老在 1944 年完成了他的心血之作、成熟之作《拳道中枢》。其中阐述了开创这个"特殊拳学"的原因。芗老说："余素以利己利人为怀，触目痛心，不忍坐视。余本四十余年习拳之经验，探其真义之所在，参以学理，证以体认，祛其弊，发其秘，舍短取长，去伪存真，融会贯通，以发扬而光大之，令成一种特殊拳学。"

这一百多字，可以说每字每句都有许多事实支撑着。不了解这些事实，就难以理解芗老开创这个"特殊拳学"的初衷。下面以我所知，做一简要阐述。

一、"余素以利己利人为怀"。

芗老的恩师郭老云深不仅武功精纯，素有"半步崩拳打天下"的美誉，而且有着深厚的国学功底，尤精禅学。

"利己利人"指的是要具有菩萨的慈悲心。

这是郭老根据菩萨"自利利他"的宏愿而对学生的传授。意思是，对任何一件事物，自己亲自体认并确实得到了利益，再以此利益他人，使他人也能得到相同的利益。

芗老幼年跟随郭老习形意拳，终身不忘恩师教诲，以"利己利人"为训，所以说"余素以利己利人为怀"。

《意拳正轨》:"郭先生之教人习形意也,首以站桩为入学初步,从学者多矣,能克承其教者迨不多遘,郭先生亦有非其人不能学,非其人不能传之叹……爰吾聪敏而教之,且于易箦之时,犹以绝艺示之,谆谆以重视相嘱……芗虽赋性不敏,而于技击一道,窃焉心喜,既获得亲炙真法大道之指导,每日承其教诲之语言多具有记载之价值者,连缀成册,本利己利人之训,不敢自私,以期同嗜均沾斯益,非徒以此问世也。"

从芗老自述中得知,芗老少年时,得郭老亲炙真法大道,有以下几方面:

(一)"利己利人"之训,乃做人根本。

(二)"三体式中之灵妙,非有真传不能知也。"芗老所说"真法大道",即"三体式中之灵妙"。

(三)"且于易箦之时,犹以绝艺示之",即郭老所授枪法。

(四)"谆谆以重视相嘱",指郭老亲书信函,交给芗老,嘱芗老发扬光大中华拳学,以期厚望。

近年一些著作附录芗老的《拳道中枢》,对"利己利人"之训,误为"以己利人""立己立人""立己利人"等,非郭老"利己利人"之训,十分遗憾。

二、"触目痛心,不忍坐视"。

1937年是芗老思想上发生重大转变的一年。从"发扬光大中华拳学"转变到"强我中华,驱除日寇,还我河山"的志向上。

"触目痛心"指的是日寇侵华，中国人民惨遭荼毒，山河破碎的惨状。芗老曾提出"每天街上为什么会有那么多'倒卧'"的问题，深感"国民积弱，事事多不如人，病亦在此"。

"不忍坐视"，即芗老深感"一人强不是强，全民强民族强"。

三、"本四十余年习拳之经验"。

"四十余年"指从跟随郭老习拳起到 1943 年撰写《拳道中枢》时止。

四、"探其真义之所在"。

芗老在《拳道中枢》里阐述："盖拳道之真义，可云与人生大道同其凡常，亦可云与天地精微同样深奥。不以其道而习之，终身求之不可得，果以其道而习之，终身习行不能尽。"

五、"参以学理，证以体认"。

芗老探求到的真义，是根据古圣先贤、武林前辈的经典著作中阐述的"道""理"，通过自己在实践中的体认而证得的。

六、"祛其弊，发其秘，舍短取长，去伪存真，融会贯通，以发扬光大之"。

芗老在"足迹大江南北，所遇拳家万千"的寻师访友道路上，不断地探索、汲取、挖掘、继承传统拳学的精髓，并逐渐认识到："鉴定一门拳术是否高明，要在于养生效果与技击效率而已，从技击角度看，拳术之高明在于精简。查中国古代拳术，皆是形简而意繁，当初形意拳只有钻、裹、践三拳，八卦掌也只有单双换掌……姿势确为神意之代表，本能活力之所循。然姿势若繁多，则神意不易统一，活力不易果速，故对于姿势应提出下列质疑：一、能不能将这一姿势取消？二、能不能将这一姿势与别的姿势合并？三、能不能将更简单更合理之姿势取代这一姿势？昔日我曾用此法对中国古代拳术进行筛选，结果倡出意拳。"

"倡出意拳"以后的十余年间，芗老一直在发扬光大中华拳学的道路上前行。

1935 年由于时局变动，芗老未能实现远赴欧洲宣传中华拳学，一扫"东亚病夫"之耻的心愿，只能遗憾地携徒返回乡里，深研拳学。

1937 年芗老应张壁、齐振林两位先生之邀，定居北平，传播意拳。在芗老的授意、帮助下，由学生齐执度整理完成了《拳学新编》，本拟刊行却未能如愿，后经学生、友人辗转传抄，流传于世。

卢沟桥的炮声震撼着芗老，在严酷的社会现实面前，芗老开始思考通过"全民习拳练武"，"强我中华，驱除日寇，还我河山"的具体方式。

　　在数年的教学实践中，芗老逐渐建立起行之有效的教学体系：在太庙由洪连顺师爷主持初习站桩的教学基地，在姚宗勋师伯家由姚师伯主持习拳的教学基地，在中南海万字廊自己家中传道、授业、解惑的教学基地。

　　这就是姚宗勋师伯所说"太庙是小学，我这儿是中学，老头儿那是大学"的由来。

　　经过不断思考总结，芗老探索到一条简单易行，具有"祛病、健身、养生、筑基"效果的道路。同时，他站在中华民族传统文化的高度，并汲取现代科学成果，总结出了一套完整系统的站桩理论体系。

　　实践和理论的有机结合，最终形成了这个"非世之所见一般为之拳"的"特殊拳学"。这也是一门蕴含着博大精深的中华民族传统文化精髓的大学问。

什么是站桩

武林中很多门派都有自己的桩功，各有千秋，各得其妙。我这里谈的是意拳的站桩。

《拳道中枢》："站桩即立稳平均之站立也。"

"立"指"立于道"。古人云"人无志不立"，"志于道"。道是天地、众生、万物的本源。

"稳"指稳定、稳固。

"平"指平衡。

"均"指不凹不凸、均匀完整。

"稳定、平衡、均整、协调"的实质，就是"中"。

"立稳平均"，即"立于中道"。

"站立"，指具有大无畏的精神，永立不倒。这是中华民族的精神。

怎么理解"这个拳只有一，没有二"

芗老这句话有两个含义：一个是把所有练习方法归一，一个是心、性、意、气、力要归一。其实这两个"一"仍要"归一"。

方法归一：

芗老说："桩，只有一个，也可以说有无数个。任何瞬间的停顿都是桩法。缺什么用什么桩补。"

拳有八法。

枪有十五种力。

芗老说："桩法要归一，拳法要归一，枪法要归一，桩法、枪法、拳法要归一。站桩跟躺桩交叉着练。"

《断手述要》："意拳所运用力虽多，但最后必须总和而归于一，定于一，纯于一，精于一，人之本能活力方能召之即来，来之能应，应则必验。平日操之纯一，遇敌时则能得心应手，手到人翻矣。"

心性归一：

《拳道中枢》："余据四十余年体会操存之经验，倍感各项力量都由浑元扩大，空洞无我产生而来。然浑元空洞亦都由细微之棱角形成，渐渐体会方能有得。"

　　《八法训练之法则》：“力潜于体内谓之劲，劲奋于体外谓之力，劲力一充谓之混元一炁。”

　　《道德经》：“道生一，一生二，二生三，三生万物，万物负阴而抱阳，冲气以为和。”

　　“一”即“混元一炁”。

　　方法、心性归于“混元一炁”。

　　《拳道中枢》：“极中致和，本能力之自动良能者也。”

　　《拳道中枢》：“若从迹象比，老庄与佛释，班马古文风，右军钟张字，大李王维画，玄妙颇相似。造诣何能尔，善养吾浩气，总之尽抽象，精神须切实。”

　　“浩气”即“混元一炁”。

　　“一”即“混元一炁”，也是阴阳稳定平衡、和谐统一的状态，“混元一炁乃天地造化之根源”。

　　《拳道中枢》：“今夫本拳所重者，在精神，在意感，在自然力之修炼。”

　　这个拳是“本能拳”，是修心、养性、煅意之拳。

　　一句“洪炉大冶身，陶熔物不计”，道尽了至诚、至空、至虚之境，是这个拳的真义。

　　《道德经》：“昔之得一者，天得一以清，地得一以宁，神得一以灵，谷得一以盈，万物得一以生，侯王得一以为天下正。”

　　这个拳不仅是技击法门，更是修行秘诀。“密修于一。”

　　郭老有云，“一”至纯熟，仍有形迹，须将“一”化去，方可入道，臻至"天人合一"之境。

"浑元扩大，空洞无我"，此即养技合一、拳械合一、攻防合一、禅拳合一、天人合一、万法归一之拳道境界矣。

意拳的"三乘境界"是什么

从芗老的三部著作中，可以看出芗老对"拳"的认识。

第一部是 1929 年的《意拳正轨》，阐述的是"技击一道"。拳术，实践，下乘之境。

第二部是 1939 年的《拳学新编》，阐述的是"拳学一道"。拳学，理论，中乘之境。

第三部是 1944 年的《拳道中枢》，阐述的是"拳道之大"。拳道，本源，上乘之境。

由此可以看出这个拳的三乘境界：拳术（法）、拳理（德）、拳道（道）。

为什么芗老的文章风格多有不同

芗老一生亲笔阐述意拳的著作只有《意拳正轨》《拳道中枢》,《答记者问》是报社根据芗老宣讲中华拳学要义的记录整理的,《拳学新编》是齐执度先生在芗老的授意、指导和帮助下整理完成的,体现了芗老的拳学思想、理念和方法,但并非芗老亲笔撰写。

还有一些谈论专门问题的文章,是由芗老的亲属和学生根据芗老的笔记、口述整理的。

这是很多人感觉芗老文章风格多变的原因。

初学从哪个桩开始

芗老教学的原则是"因人而异，因人设式，因人施教"，反对"千人一式""万人一方"的教学方法。

对于初习者，芗老一般将平步撑抱桩作为入学初步，但根据习者的具体情况，也有从平步托抱桩、坐桩、躺桩等开始的。

现在我们练习站桩，一般也从平步撑抱桩入手。如果身体情况比较特殊，可以让老师根据自身的具体情况，传授相应的入门桩法。

站桩到底站多久

站桩的时间因人而异，只要自己觉得站着舒服，能站多长时间就站多长时间。

有的人开始只能站几分钟，有的人第一次就能站个把小时，这个千差万别。我认为，对初习者尤其是病人而言，一定不要强求。对有一定站桩基础的习拳者来说，可以根据身体自我调整的情况，逐步增加站桩的时间。

我的体会是，如果只站平步撑抱桩或矛盾桩，逐渐能站到一小时左右为宜。但是不能傻站，更不能死站，要知道"站在这儿干什么呢"。

经验告诉我们，跟老师和同学在一起，站的时间更长些。这是因为心里有"依靠"，周围的气场利于练习。因此，初习阶段最好跟着老师和大家一起练习，不用太纠结于站桩的时间。

初学站桩要注意什么

初学站桩，有三点要注意。

第一，"别把站桩当任务"。

站桩是"休息中的运动，运动中的休息"。对初学者而言，每天坚持站就可以了，千万不要把站桩当作任务，不要在站桩之前给自己增加精神负担。

第二，"累了就休息，不要累了还坚持"。

练习时感到累了，就休息休息，要"留有余力，留有余兴"。需要保持对站桩的兴趣。这里说的"累"，指练习时出现的不正常的反应。这主要有两个方面的原因：一是姿势不妥当，二是意念活动出现偏差。这就要休息、调整，不能再坚持。

等调整好姿势和意念活动，身心恢复了正常状态，再继续站。

休息也有讲究，芗老说休息的时候就站站休息桩。这就使得"休息"也成为了一种练习。

第三，"最好连我要站桩的想法都没有了"。

等到基本掌握了要领，有了兴趣，成为生活习惯，就不需要、也没有"我要站桩"的想法了。

初学站桩常见的几个问题

初学站桩，有一些常见的问题，其实当年芗老都给出了解决方法，到现在仍然适用。

肩紧的问题，芗老就启发习者在水中"踩水"；脊椎的问题，就启发习者要"身披长衫"；腰胯的问题，就启发学者"如坐高凳""似坐非坐"。

心静不下来、放松不了等问题，芗老就启发习者用"大脑得到良性刺激"和"发呆（愣神）"的状态去解决。

憋气、大喘气、心脏跳动加快等问题，芗老就让习者"做几次深呼吸"。

这些听起来特别简单，但我多年体认，深受其益。

如何看待站桩的"疲劳关"

从事任何运动都要过"疲劳关"，使身体机能逐渐适应运动量。这需要循序渐进、脚踏实地地进行练习。

练习过程中虽然难受，尤其是病人在"清除病灶"的过程中，往往会很痛苦，但却必须坚持。等度过了"疲劳关"，清除了病灶，站桩就进入了一个新的阶段。

多大年龄站桩好

很多人问："从多大年龄开始练习站桩好？"

站桩，是"不用脑，不费力，不花钱"，"自力更生"的"全民健康"方法，老幼皆宜。

有条件的话，最好从七八岁开始练习。这个时期人体正在生长发育阶段，可以更好地培养"规矩"，让习者打下身心健康乃至习拳技击的基础。

中老年人则不拘年龄，但应以养生为主，循序渐进地练习。

如何进行"四中"的练习

站桩的基础是"中",包括处中、守中、持中、用中。

"四中"贯穿在这个拳练习的全过程。

处中:以平步撑抱桩为主,包括平步撑抱桩、平步托抱桩、平步推托桩等桩法。

守中:以矛盾桩、试力为主,包括拳法、器械等。

持中:以摩擦步为主,是在运动中处中、守中的整体试力。

用中:以断手为主,包括推手和断手,是意力、点力、寸劲等在实战中的综合运用。

什么是"中"

郭老云深对"中"有精辟的阐述:"其'中',非指身体两腿站均当中之'中'也。其'中',是用规矩之法则,缩回身中散乱驰外的灵气,返归于内,正气复初,血气自然不加至于其内。心中虚空是之谓中,亦谓之道心。"

"中"指"心中虚空"与"大道之心"合二为一,是充盈天地的"混元一炁"和"于人曰浩然"的"正气"。没有丝毫的邪气、戾气、杂气。这个拳最终要合于中道。

◎

附录

夫子养性练气以致治，

轩辕练神化气以乐道，达摩参禅，东来传道，

始传洗髓易筋之法，而创意拳及龙虎桩，

故为技击开山之宗，自古名贤大儒、

圣人豪杰、金刚佛体，

未有不养性练气及习技者。

意拳正轨

王芗斋

自序

技击一道，甚矣哉之难言也。诗言拳勇，礼言角力，皆技术之起源。降至汉代，华佗氏作五禽之戏，亦技击本质。良以当时习者甚少，以至湮没无闻。迨至梁天监中，达摩东来，以讲经授徒之余，兼习锻炼筋骨之术，采禽兽性灵之特长，参以洗髓易筋之法，而创意拳，又曰心意拳。徒众精是技者甚多，少林之名亦因之而噪起。岳武穆王复集各家精华，编为五技连拳、散手、撩手诸法，称为形意拳。逮及后世，国家宴安，重文轻武之风日盛，又精拳技者复多以好勇斗狠贾祸，于是士大夫相率走避，致将此含有深奥学理之拳术，不能见重于历世。相沿既久，无可更易。即后世之有道，怀瑾握瑜者，率多埋没于乡村闾里间，不敢以技术著称。此固使后之学者深资悼惜者也。清代晋之太原郡戴氏昆仲精于是技，而独详传于直隶深县李洛能先生。先生授徒甚众，复获得李老先师之绝技者，厥为同县之郭云深先生。郭先生之教人习形意也，首以站桩为入学初步，从学者多矣，能克承其教者迨不多遭。郭先生亦有非其人不能学，非其人不能传之叹。吾与郭先生同里，有戚谊为长幼行，爱吾聪敏而教之，且于易箦之时犹以绝艺示之，谆谆以重视相嘱。晚近世风不古，学者多好奇异，殊不知真法大道，只在日用平常之间，世人每以其近而忽之，"道不远人，人之为道而远人"之说益徵。芗不愿以此而求闻达，无如晚近世俗趋于卑下，不求实际，徒务虚名，于是牟利之徒，不自学问，抄袭腐败之陈文，强作谋生之利器，满纸荒唐，故入玄虚，忽而海市蜃楼，迹近想像，忽而高山远水，各不相干，使学者手不释卷，如入五里雾中，难识半点真假。一般无知之士，犹以圣人之道，不可钻仰。

呜呼！利人当途，大道何昌，午夜深思，曷胜浩叹。芗虽赋性不敏，而于技击一道，窃焉心喜，既获得亲炙真法大道之指导，每日承其教诲之语言多具有记载之价值者，连缀成册。本利己利人之训，不敢自私，以期同嗜均沾斯益，非徒以此问世也。是为序。

中华民国十八年菊月深县王宇僧

桩法换劲

欲求技击妙用，须以站桩换劲为根始。所谓使其弱者转为强，拙者化为灵也。若禅学者，始于戒律而后精于定慧，证于

心源，了悟虚空，穷于极处，然后方可学道。禅功如此，技击
犹然。盖初学时，桩法颇繁，如降龙桩、伏虎桩、子午桩、三
才桩等。兹去繁就简，采取各桩之长，合而为一，名曰浑元
桩，利于生劲，便于实搏，精打顾、通气学，学者锻炼旬日，
自有效果，亦非笔墨所能表其神妙也。夫桩法之学，最忌身心
用力，用力则气滞，气滞则意停，意停则神断，神断则受愚。
尤忌扬头折腰，肘腿过于曲直，总以似曲非曲，似直非直为
宜，筋络伸展为是。头宜顶，尾闾脊骨宜直，气宜下沉，心宜
静思，手足指尖稍微用力，牙齿似闭非闭，舌卷似顶非顶，浑
身毛孔似松非松。如是则内力外发，弱点换为强劲，自不难得
其要领也。

锻炼筋骨

力生于骨，而连于筋，筋长力大，骨重筋灵。筋伸骨要
缩，骨灵则劲实。伸筋腕项（手足四腕与脖项）则浑身之筋络
皆开展，头顶齿扣，足根含蓄（含有若弹簧之崩力），六心相
印（手心、足心、本心、顶心也）。胸背宜圆（阔背筋、大雄
筋异常有力），则气自然开展，两肱横撑要平，用兜抱开合伸
缩劲，两腿用提挟扒缩蹚崩拧裹劲，肩撑胯坠，尾闾中正神贯
顶，夹脊三关透丸宫，骨重如弓背，筋伸似弓弦，运劲如弦
满，发手似放箭，用力如抽丝，两手如撕绵，四腕挺劲力自

实，沉气扣齿骨自坚。像其形，龙蹲虎坐，鹰目猿神，猫行马奔，鸡腿蛇身。骨查其劲，挺腰沉气，坐胯提膝，撑截裹堕，粘定化随。

若能得此要素，如遇敌时，自能随机而动，变化无穷。任敌巨力雄伟汉，运动一指拨千斤。所谓身有平准，腰似车轮，气如火药拳如弹，灵机微动鸟难腾。更以心小胆大，面善心恶，静似书生，动若龙虎，总以虚实无定，变化无踪为准则，自能得其神妙之变幻。故郭云深大先师常云：有形有意都是假，技到无心始见奇，盖即此也。

用劲

拳术之妙，贵乎有劲，用劲之法，不外刚柔方圆，刚者直竖，柔者灵活，直竖长伸有攻守力，柔者缩短有惊弹力。刚劲形似方（图一），柔劲外方而内圆（图二），伸缩抑扬，长短互用，刚柔相济，有左刚而右柔，有左柔而右刚，有梢节刚而中节柔，亦有时刚时柔虚实变化之妙，半刚运使之精。更有柔退而刚进，刚退而柔进，遇虚则柔，而刚随其后，临实则刚，而柔在其先。无论千差万异，总以中线重心不失，周身光线不断为枢纽。横撑开放，光线茫茫谓之方，提抱含蓄，中藏生气谓之圆。所以筋出力而骨生棱。

凡出手时，用提顿撑抱兜坠蹲裹，顺力逆行，以方作圆

（图三）。落手时，用含蓄缠绵滔滔不断，以圆作方（图四），盖圆劲能抽提，方劲能转顿，开合若连环（图五）。若万缕柔丝百折千回，令人不可捉摸，其玲珑开朗，如骏驹跃涧，偏面矫嘶，神采丽丽，壮气森森，精神内固，如临大敌，虽剑戟如林，刀斧如山，亦若无人之境。身如强弓硬弩，手如弓满即发之箭，出手恍同蛇吸食，打人犹如雷震地。

夫用劲之道，不宜过刚，过刚易折，亦不宜过柔，过柔不进，须以竖劲而侧入，横劲吞吐而旋绕，此种用劲之法，非心

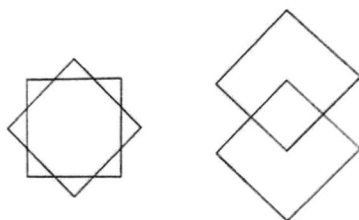

图一

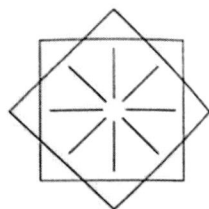

图二

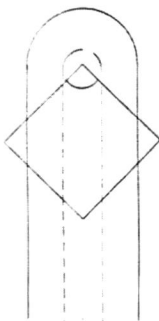

图三

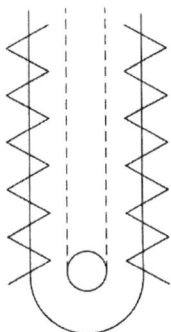

图四

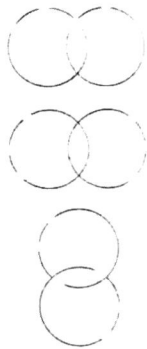

图五

领神悟，不易得也。若能操之纯熟，则劲自圆，体自方，气自恬，而神自能一，学者其勿惰。

求劲之法，慢优于快，缓胜于急，而尤以不用拙力为最妙。盖运动之时，须使全体之关节任其自然，不稍有淤滞之处，骨须灵活，筋须伸展，肉须舒放，血须川流，如井之泉脉然。如是方能有一身之法，一贯之力，而本力亦不外溢。若急急于拳套是舞，徒用暴力以求其迅速之美观，如是则全体之气孔闭塞，而于血系之流通亦大有阻碍。观诸用急暴力者，无不努目皱眉，顿足有声，先闭其气，而后用其力，既毕，则又长吁一声，叹气一口，殊不知已大伤其元气也。往有数十年之纯功，而终为门外汉者，目睹皆然，岂非用拙力之所致也。亦有用功百日而奏奇效者，可知谬途误人之甚。学者于此求力之法，当细斟之，自能有天籁之机，然亦非庸夫所能得之道也。

练气

夫子养性练气以致治，轩辕练神化气以乐道，达摩参禅，东来传道，始传洗髓易筋之法，而创意拳及龙虎桩，故为技击开山之宗，自古名贤大儒、圣人豪杰、金刚佛体，未有不养性练气及习技者。庄子云："技也，进乎道矣。"然技虽小道，殊不知学理无穷，凡学此技者，非丰神潇洒而无轻浮狂躁尘俗之气，堪与圣贤名儒雅乐相称者，不足学此技也。夫练气之学，以运使为效，以鼻息长呼短吸为功，以川流不息为主旨，以听气净虚为极至。前为食气出入之道，后为肾气升降之途，以后天补先天之术，即周天之转轮。盖周天之学，初作时，以鼻孔引入清气，直入气海，由气海透过尾间，旋于腰间。盖两肾之本位在于腰，实为先天之第一，犹为诸脏之根源，于是则肾水足矣，然后上升督脉而至丸宫，仍归鼻间，以舌接引肾气而下，则下腹充实，渐渐结丹入田。此即周天之要义，命名周天秘诀，学者勿轻视之。

养气

养气练气，虽出一气之源，然性命动静之学，有形无形之术，各有不同。盖养气之学，不离乎性，练气之学，不离乎命，神即是性，气即是命，故养气之术须由性题参入。

夫性命之道，非言语笔墨所能述其详也。况道本无言，能言者即非道。故孟子云：难言也。今以难言而强言之，惟道本无也。无者天地之源，万物之根，人有生死，物有损坏，道乃永存。其大无外，其小无内，视之无形，听之无声。而能包罗天地，弥满六合，塞充乾坤，混含宇宙。性命之学，亦即天地之阴阳也。然欲养气修命，须使心意不动，心为君火，肾为相火，君火不动，相火不生；相火不生，气念自平，无念神自清，清而后心意定，故云：一念动时皆是火，万缘寂静方生真，常使气通关节敏，自然精满谷神存。若能有动之动，出于不动，有为之为，出于无为，无为则神归，神归则万物寂，物寂则气泯，气泯则万物无生，耳目心意俱忘，即诸妙之源也。如对境忘境，不耽于六贼之魔，居尘超尘，不落于万缘之化。诚能内观其心，心无其心；外观其形，形无其形；达观其物，物无其物；三昧俱悟，即见虚空，空无所空，所空欲无，无无亦无，大抵人神好清而心扰之，人心好静而欲乱之，故言神者不离性，气者不离命，若影随形，不爽毫厘。

五行合一

五行者，生克制化之母，亦即万物发源之本也。如世俗之论五行者，则曰：金生水，水生木，木生火，火生土，土生金，谓之相生；金克木，木克土，土克水，水克火，火克金，谓之相克。此朽腐之论，难近拳理，而亦不知拳术为何物。又曰某拳生某拳，某拳克某拳，此论似亦有理，若以拳理研究之，当两手相接对击时，岂能有暇而及此也？若以目之所见，心再思之，然后出手制之，余实不敢信。况敌之来势，逐迭更变，安有以生克之说能致胜之理？此生克之学欺人误人，谬谈之甚也。苟能不期然而然，莫知击而手足已至，尚不敢说能制人。如以脑力所度，心意所思，出手论着，操技论套，是门外汉也，不足与谈拳。

盖拳术中之所谓五行者，换言之曰：金力，木力，水力，火力，土力是也。即浑身之筋骨，坚硬如铁石，其性属金，故曰金力。所谓皮肉如棉，筋骨如钢之意也。四体百骸，无处不有若树木之曲直形，其性属木，故曰木力。身体之行动，如神龙游空，矫蛇游水，犹水之流，行踪无定，活泼随转，其性属水，故曰水力。发手如炸弹之爆烈，忽动如火之烧身，猛烈异常，其性属火，故曰火力。周身圆满，敦厚沉实，意若山岳之重，无处不生锋芒，其性属土，故曰土力。凡一举一动，皆有如是之五种力，此方谓五行合一也。总之，不动时周身乃一贯之力，动时大小关节无处不有上下前后左右百般之二争力，如是方能得周身之浑元力也。

六合

六合有内外之分，曰：心与意合，意与气合，气与力合，为内三合；手与足合，肘与膝合，肩与胯合，为外三合。又曰：筋与骨合，皮与肉合，肺与肾合，为内三合。头与手合，手与身合，身与足合，为外三合。总之，神合、劲合、光线合，全身之法相合谓之合，非形势相对之谓合。甚矣哉，六合之误人也，学者慎之慎之。

歌诀

歌诀者，拳术中之精粹也。若能参透其意，穷尽其理，自能得道矣。

心愈专，意昧三，精愈坚，气愈安，神愈鲜（此学技五大要素）。

浑噩身一贯，形具切忌散（周身用力，无处不圆满，取内圆外方之意，始终不懈）。

拳出如流星，变手似闪电（变化迅速，神捷果断）。

舌卷齿更扣（舌为肉之稍，肉为气之囊，舌卷气降，注于气海，又能接引肾气，结丹入田。齿为骨稍，扣则骨坚）。

头顶如悬磬（头为六阳之首，五关百骸，莫不本此，头顶若悬，三关九窍易通，自能白云朝顶，一点灵光顶头悬，此亦禅学之要素也）。

两目神光耀（精光收缩而尖锐）。

鼻息耳凝敛，心目宜内视（以鼻作长呼短吸之功，耳目心作收视反听之用）。

腰转如滑车，进足如钢钻（灵敏活泼，进蹿夺位）。提蹬裹扒缩，滚锉兜撑拧（动静须有此力）。

手足指抓力，毛孔如生电（指为筋稍，扣则力自充，周身毛发为血稍，血为气之胆，毛孔不睁，毛发不竖，则血不充，血不充，则气不振，气不振，则力不实，不实则必失战斗力矣）。

交手径法

人之本性，各有不同，有聪明者，有智慧者，有毅力恒心者，有沉着精敏者，更有奸滑阴毒者，其性不同，其作为亦因之而异。如技术之击法亦然，有具形而出，无形而落。败势而往，发声而来。千变万化，不能尽述。须以功力纯笃，胆气放纵，处处有法，举动藏神，不期然而然，莫知至而至。身动快似马，手动速如风。平时练习，三尺以外七尺以内，如临大敌之像，交手时，有人若无人之境。颈要竖起，腰要挺起，下腹要充实，两肱撑起，两腿夹起，自头至足，一气相贯。胆怯心虚，不能取胜，不能察颜而观色者，亦不能取胜。总之，敌不动，我沉静，敌微动，我先发。所谓打顾之要，亦其击先者也。不动如书生，动之如龙虎。发动似迅雷，迅雷不及掩耳。然所以能致胜者，皆在动静之间；动静已发而未发之间，谓之真动静也。手要灵，足要轻，进退旋转若猫形。身要正，目敛精，手足齐到定要赢。手到步不到，打人不为妙。手到步亦到，打人如拔草。上打咽喉下打阴，左右两肋在中心，拳打丈外不为远，近者只在一寸中。手出如巨炮响，足落似树栽根。眼要毒，手要奸。步踏中门，蹭入重心夺敌位，即是神手亦难防。用拳须透爪，用掌要有气，上下意相连，出入以心为主宰，眼手足随之，两足重量，前四后六，用时颠倒互换。夫有定位者步也，无定位者亦步也。如前足进后足随，前后自有定位。以前步作后步，以后步作前步，更以前步作后之前步，以后步作前之后步，前后自无定位矣。左右反背如虎搜山，乘势勇猛不可挡，斩拳迎门取中堂，抢上抢下势如虎，鹞落龙潜下鸡场，翻江倒海不须忙。丹凤朝阳势为强，云遮天地日月交，武艺相争见短长。三星对照，四稍会齐，五行俱发，六合弥结，勇往前进，纵横高低，进退反侧，纵则放其力，勇往而不返，横则裹其力，开合而莫挡，高则扬其身，而身若有增长之意。低则缩其身，而身若有攒捉之形。当进则进摧其身，当退则退领其气。至于反身顾后，亦不觉其为后，后即前也。侧顾左右亦不觉其为左右矣。进头进手须进身，身手齐到法为真。内要提，外要随，打要远，气要摧。拳似炮，龙折身，发中要绝随意用，解开其意妙如神。鹞子入林燕抄水，虎捉绵羊抖威风。取胜四稍均要齐，不胜必有怀疑心。声东击西，指南打北，上虚下实，灵机自揣摸。左拳出右拳至，单手到双手来。拳由心窝去，发向鼻尖前。鼻为中央之土，万物产生之源，冲开中央全体皆糜。两手结合迎面出，自然把定五道关。身如弩弓拳如弹，弦响鸟落见奇鲜。遇敌犹如身着火，打破硬进无遮栏。何为打，何为顾，顾即是打，打即是顾。发手即是处。计谋精变化，动转用精神，心毒为上策，手足方胜人。何为闪，何为进，进即是闪，闪即是进。不必远求尚美观，只在眼前一寸间。静如处女，动若雷电。肩窝吐劲，气贯掌心，意达指尖外，气发自丹田。按实用力，吐气开声，遇敌来势两相交，风云雷雨一齐到。

龙法

龙法有六，曰：沧海龙吟、云龙五现、青龙探海、乌龙翻江、神龙游空、神龙缩骨。其为物也，能伸能缩，能刚能柔，能升能降，能隐能现，不动如山岳，动之如风云，无穷如天地，充实如太仓，浩气如四海，玄曜如三光。度来势之机会，揣敌人之短长。静以待动，动中处静，以进为退，以退为进，直出而侧入，斜进而竖击。柔去而惊抖，刚来而缠绕。缩骨而出，放劲而落。缩即发也，放亦即缩。甲欲透骨而入髓，发劲意在数尺间。

虎法

虎法亦有六，曰：猛虎出林、怒虎惊啸、猛虎搜山、饿虎剖食、猛虎摇头、猛虎跳涧。揣其性灵，强而精壮，横冲竖撞，两爪排山，猛进猛退，长扑短用，如剖食，若摇头，犹狸猫之捉鼠，头顶爪抓，鼓荡周身，起手如钢锉，用斩、抗、横、兜、顺，落手似勾杆，用劈、搂、搬、撒、撑。沉托分拧，伸缩抑扬，头欲要撞人，手要打人，身要摧人，步要过人，足要踏人，神要逼人，气要袭人。借法容易上法难，还是上法最为先。较技者不可思悟，思悟者寸步难行。宁教一思进，莫教一思退。有意莫带形，带形必不赢。犹生龙活虎，吟啸叱咤，谷应山摇，其壮哉如龙虎之气，临敌毫不虚，安有不胜之理哉。

总之，龙虎二法，操无定势，势犹虎奔三千，气若龙飞万里，劲断意不断，意断神连。非口传心授，莫能得也，聊写其大意，未克详述。

意拳正轨

意拳之正轨，不外古势之老三拳与龙虎二气。龙虎二气为技，三拳为击。三拳者，践、躜、裹也，践拳外刚内柔有静力（又曰挺力），曰虚中，以含蓄待发之用。躜拳外柔内刚，如绵裹铁，有弹力，曰实中，乃被动反击之用。裹拳刚柔相济，有惊力，曰化中，乃自动之用。任敌千差万异，一惊而即败之，所谓枢得环中，以应无穷。

附记（姚宗勋）

《意拳正轨》一文，系先生壮年之作，早已散佚。近由香港同好，寄至保定，请重加修订者，先生已无暇及此，遂搁置迄今。因传抄之讹，间有错字漏字，余因限于水平，不敢谬为补正，将有待就正于高明。

纵观全文，与先生于一九四四年所写《大成拳》一文中所说未尽相同，与近年之说差距愈显，兹举数例：（一）自序中之意拳来源；（二）交手径法；（三）练气之说；（四）龙法、虎法及老三拳之解释。

余之谬说，为先生著文时之水平，若是秉承师说，博采各家，犹未能尽洗旧说，更辟新径。后经三十余年之不断提高，去芜存菁，弃者弃、立者立，遂成今日之说。然此文犹有供学者参考之价值，更可籍此文，略见其发展之迹，不足为先生累也。

注一：《桩法换劲》《锻炼筋骨》《用劲》三章与近二十年之说法大致相同，无大出入。

注二：《练气》一章系根据传统养气练法，更参以释道之说而成，三十年前先生已批判之，弃之而弗谈。

注三：《五行合一》一章，与后说无异。

注四：《六合》一章，后仅保留"全身之法相合谓之合，非形势相对之谓合"之说。

注五：《歌诀》一章，与后日之说无大出入，仅"形具切忌散"之"具"字，疑为"體"字之误书，后改为"神形切忌散"，与原著无出入。

注六：《交手径法》一章，大致系传统之法则，与后日之说尚符，然本文中"下腹要充实"，"吐气开声"二句与后日之说不同，前者改"小腹常圆"，后者即用"试声"之法。

注七：《龙法》《虎法》二章，近二十年已不再谈。龙法之意为身形矫健，神形力具，忽隐忽现，变化无常，不可捉摸。虎法之意为气势逼人，周身之力浑圆一贯，一到全到，如虎之勇猛无畏也。故后文有"龙虎二气为技，三拳为击"之语也。

注八：最后一节，三拳之说，后增益为"践拳"系指步法，"钻拳"亦即手及前臂，"裹拳"指身法，包裹万象之意。

不揣鄙陋，妄为先师遗著作补证，疏狂之处尚乞鉴谅，并乞高明指正。

姚宗勋 谨识

于北京兴盛胡同二十八号西屋

一九六三年八月一日

拳道中枢

王芗斋

自志

拳道之大，实为民族精神之需要，国家学术之根本，人生哲学之基础，社会教育之命脉，其使命要在修正人心，抒发感情，改造生理，发挥良能，使学者神明体健，利国利群，固不专重技击一端也。若能完成其使命，则可谓之拳，否则是异端耳。习异拳如饮鸩毒，其害不可胜言也。余素以利己利人为怀，触目痛心，不忍坐视。余本四十余年习拳经验，探其真义之所在，参以学理，证以体认，祛其弊，发其秘，舍短取长，去伪存真，融会贯通，以发扬而光大之，令成一种特殊拳学，而友人多试之甜蜜，习之愉快，因金以"大成"二字名吾拳，欲却之而无从也，随听之而已。今夫本拳之所重者，在精神，在意感，在自然力之修炼。统而言之，使人身与大气相应合。分而言之，以宇宙之原则原理以为本，养成神圆力方，形曲意直，虚实无定，锻成触觉活力之本能。以言其体，则无为不具，以言其用，则有感即应。以视彼一般拳学家，尚形式、重方法、讲蛮力者，固不可相提并论也。诚以一般拳家，多因注重形式与方法，而演成各种繁冗、畸形怪状之拳套。更因讲求蛮力之增进，而操各项激烈运动。误传误授，自尚以为得意者，殊不知尽是戕生运动。其神经、肢体、器官、筋肉已受其摧残而致颓废，安能望其完成拳道之使命乎？余虽不敢谓本拳为无上之学，若以现代及过去而论，信他所无而我独有也。学术理应一代高一代，否则错误，当无存在之必要矣！余深信拳学适于神经肢体之锻炼，可因而益智。尤适于筋肉之温养，血液之滋荣。更使呼吸舒畅，肺量加强，而本能之力亦随之而渐长，实现一触即发之功能。至于致力之要，用功之法，统于篇内述之，兹不赘述。但此篇原为同仁习拳较易而设，非问世之文者比也。盖因余年已老，大家追求，只得以留惊鸿爪影于泥雪中寻之，谨将平日所学拉杂记载，留作参考，将来人手一册，领会较易。但余素以求知为职志，果有海内贤达，对本拳予以指正，或进而教之，则尤感焉。以一得之愚，得藉他山之攻而益有进益，日后望从学诸生虚心博访，一方面尽量问难，一方面尽力发挥，倘有心得，希随时共同研究，以求博得精奥，而期福利人群，提高国民体育之水准，实为盼甚，否则毫无价值也。如此提高而不果，是吾辈精神之不笃，或智力未符之故耳。夫学术本为人类所共有，余亦何人，而敢自秘？所以不揣简陋，努力而成是篇。余不文，对本拳之精微，不能阐发净尽，所写者仅不过目录而已，实难形容其底蕴，以详吾心中之事矣。一隅三反，是在学者。余因爱道之诚，情绪之热，遂不免言论过激，失之狂放，知我罪我，笑骂由人。

河北博陵 芗斋王尼宝志于太液万字廊

习拳述要

近世操拳学者，多以筋肉之暴露坚硬夸示人前，以为运动家之表现。殊不知此种畸形发达之现象，纯系病态，既碍卫生，更无他用，最为生理学家所禁忌，毫无运动之价值也。近年以来，余于报端曾一再指摘其非，虽有一般明理之士，咸表同情，而大都仍是庸俗愚昧，忍心害理，尤其信口诋人，此真不齿，故终不免有诸多衔怨者。大凡从来独抱绝学，为人类谋福利者，与极忠诚之士和聪明绝顶者，社会从来鲜有谅解，水准之低，亦可概见。然余为拳道之永久计，实不敢顾其私，希海内贤达，其谅鉴之。

按拳道之由来，原系采禽兽搏斗之长，相其形，会其意，逐渐演进，合精神假借一切法则，始汇成斯技。奈近代拳家形都不似，更何有益于精神与意感乎？然亦有云，用力则滞，用意则灵之论，询其所以，则又瞠然莫辩。用力则筋肉滞而百骸不灵，且不卫生，此固然矣。然在技击方面言之，用力则是力穷，用法即是术罄，凡有方法，便是局部，便是后天之人造，非本能之学也。而精神便不能统一，用力亦不笃实，更不能假借宇宙力之呼应。其神经已受其范围之所限，动作似裹足而不前矣。且用力乃是抵抗之变象，抵抗是由畏敌击出而起，如此岂非接受对方之击，则又安得不为人击中乎？用力之害，诚大矣哉。要知用力用意乃同出一气之源，互根为之，用意即是用力，意即力也。然非筋肉凝紧注血之力谓之力。若非用意支配全体之筋肉松和，永不能得伸缩自如，遒放致用之活力也。既不能有自然之活力，其养生与应用，吾不知其由何可以得。要知意自形生，力随意转，意为力之帅，力为意之军。所谓意紧力松，筋肉空灵，毛发飞涨，骨生锋棱。非此不能得意中力之自然天趣矣。本拳在廿年前曾有一度称为"意拳"之名，举意字以概精神，盖即本拳重意感与精神之义也。原期唤醒同仁，使之顾名思义，觉悟其非，而正鹄是趋，孰知一般拳家，各怀己见，积重难返，多不肯平心静气，舍短取长，研讨是非之所在，情甘抱残守阙，奈何！奈何！遂至余愿无由得偿，吁可慨也。余之智力之所及，绝不甘随波逐流，使我拳道真义永堕沉沦，且犹不时大声疾呼，冀以振其麻痹而发猛醒，此又区区之诚，不能自已者也。

论信条与规守

拳学一道，不仅锻炼肢体，尚有重要深意存焉。就传统而言，首重德性，其应遵守之信条，如尊亲、敬长、重师、尚友、信义、仁爱等，皆是也。此外更须有侠骨佛心之热诚，舍己从人之蓄志。苟不具备，则不得谓拳家之上选。至于浑厚深沉之气概，坚忍果决之精神，抒发人类之情感，敏捷英勇之资质，尤为学者所必备之根本要件，否则恐难得传，即传之，则亦难能得其神髓矣。故先辈每于传人之际，必再三审慎行之者，盖因人才难得，不肯轻录门墙。至其传授之程序，率皆先以四容、五要为本，如头直、目正、神庄、声静，再以恭、慎、意、切、和五字诀示之。兹将五字诀歌解列后，以释其义。

习拳既入门，首要尊师亲。尚友须重义，武德更谨遵。

动则如龙虎，静犹古佛心。举止宜恭慎，如同会大宾。

恭则神不散，慎如深渊临。假借无穷意，精满浑元身。

虚无求实切，不失中和均。力感如透电，所学与日深。

运声由内转，音韵似龙吟。恭慎意切和，五字秘诀分。

见性明理后，反向身外寻。莫被法理拘，更勿终学人。

论单双重与不着象

以拳道之原则原理论，勿论平时练习，抑在技击之中，须保持全身之均整，使之毫不偏倚。凡有些微不平衡，即为形着象，力亦破体也。盖神、形、意、力皆不许着象。一着象便是片面，既不卫生，且易为人所乘，学者宜谨记之。夫均衡，非呆板也，稍板则易犯双重之病。然亦不许过灵，过灵则易趋于华而不实也。须要具体舒放，屈折含蓄。如发力时亦不许断续，所谓力不亡者是也。盖双重非专指两足部位而言，头、手、身、足、肩、肘、膝、胯以及大小关节，即一点细微之力，都有单双、松紧、虚实、轻重之分别。今之拳家大都由片面之单重，走入绝对之双重，更由绝对之双重而趋于僵死之途。甚矣单双重之学，愈久而愈湮也。就以今之各家拳谱论，亦都根本失当。况其作者，尽是露形犯规而大破其体者。所有姿势诚荒天下之唐，麻世人之肉矣，愈习之则愈去拳道之门径而远甚。不着象而成死板，一着象散乱无章。纵然身遇单重之妙，因无能领略，此亦无异于双重也。非弄到不舒适、不自然，百骸失正而后止。是以不得不走入刻板方法之途径，永无随机而动，变化无方，更无发挥良能之日矣。噫！亦诚可怜之甚也。至于神与意之不着象，乃非应用触觉良能之活力，不足以证明之。譬如双方决斗，利害当前，间不容发。已接未触之时，尚不知应用者为何。解决之后，复不知逐间所用者为何。

所谓不期然而然，莫知至而至。又谓极中致和，本能力之自动良能者也。

抽象虚实有无体认

习拳入手之法，非只一端，而其结晶之妙，则全在于神，形，意，力之运用，互为一致。此种运用都视之无形，听之无声，无体亦无象。就以有形而论，其势如空中之旗，飘摆无定，惟风力是应，即所谓与大气之应合。又如浪中之鱼，起伏无方，纵横往还，以听其触，只有一片相机而动，应感而发，和虚灵守默之含蓄精神。要在以虚无而度其有，亦以有处而揣其无。诚与老庄佛释无为而有为，万法皆空即为实象，一切学理多称谨似。又如倪黄作画，各以峭逸之笔，孤行天壤，堪并论也。其机其趣，完全在于无形神似之间，度其意向以求之，所以习时有对镜操作之戒者，恐一求形似，则内虚而神败矣。

习时须假定三尺以外，七尺之内，四围如有大刀阔斧之巨敌，与毒蛇猛兽蜿蜒而来，其共争生存之情景，须当以大无畏之精神而应付之，以求虚中之实也。如一旦大敌林立，在我如入无人之境，以周旋之，则为实中求虚。要在平日操存体认，涵蓄修养。总之都是由抽象中得来，所谓神意足，不求形骸似，更不许存有对象而解脱一切者是也。

切记习时要慢，而神宜速，手不空出，意不空回。即些

微细小之点力动作，亦须具体无微而不应。内外相连，虚实相
依，而为一贯。须无时无处无不含有应付技击之本能。倘一求
速，则一切经过之路径，滑然而过，再由何而得其体认之作用
乎？是故初学时须以站桩为本，渐渐体会而后行之。

总之须要神、形、意、力成为一贯。亦须六心相合（顶
心、本心、手心、足心），神经统一。一动无不动，亦更无微
而不合，四体百骸，悉在其中。不执著，不停断。再与大气之
呼应，各点力之松紧互以为用，庶乎可矣。离开己身，无物可
求。执著己身，永无是处。旨哉斯言。细心体会，自不难窥拳
道之堂奥也矣。

练习步骤

本拳之基础练习，即为站桩。其效用在能锻炼神经，调剂
呼吸，通畅血液，舒和筋肉，诚养生强身益智之学也，亦为卫
生运动。

其次为试力、试声、假想、体认各法则。再次为自卫，与
大气之呼应和波浪之松紧，良能之察觉，虚实互根之切要。兹
将各阶段逐一分述于后。

一、站桩

站桩即立稳平均之站立也。初习为基本桩，习时须首先将

全体之间架配备，安排妥当。内清虚而外脱换，松和自然，头直、目正、身端、项竖、神庄、力均、气静、息平。意思远望、发挺、腰松。具体关节似有微曲之意，扫除万虑，默对长空，内念不外游，外缘不内侵。以神光朗照巅顶，虚灵独存，浑身毛发有长伸直竖之势，周身内外，激荡回旋，觉如云端宝树，上有绳吊系，下有木支撑，其悠扬相依之神情，喻日空气游泳，殊近似也。然后再体会各部筋肉细胞动荡之情态。锻炼有得，自知为正常运动。夫所谓正常运动者，即改造生理之要道，能使贫血者可以改善，血压高者使其下降而达正常。盖因其无论如何运动，永使心脏之搏动不失常态，平衡发达正常工作。然在精神方面，须视此身如大冶洪炉，无物不在陶镕体认中。同时须觉察周身细胞均在自然工作，不得有丝毫勉强，更不许有幻想。如依上述原则锻炼，则全身之筋肉不锻而自锻，神经不养而自养，周身舒畅，气质亦随之而逐渐变化，其本能自然之力，由内而外，自不难渐渐发达。然切忌身心用力，否则稍有注血，便失松和。不松则气滞而力板，意停而神断，全体皆非矣。总之无论站桩、试力或技击，只要呼吸一失常，或横隔膜一发紧，便是错误，愿学者慎行之，万勿忽视。假想体认，括述其内，不单独再论。

二、试力

以上基本练习，既有相当基础后，则一切良能之发展当日益增强，则应继续学试力工作，体认各项力量之神情，以期真实效用。此项练习，为拳中之最重要、最困难之一部分工作。盖试力为得力之由，力由试而得知，更由知始能得其所以用。习时须使身体均整，筋肉空灵，思全体毛孔无一不有穿堂风往还之感。然骨骼毛发，都要支撑遒放争敛互为。动愈微而神愈全。慢优于快，缓胜于急，欲行而又止，欲止而又行，更有行乎不得不止，止乎不得不行之意。以体认全体之意力圆满否？其意力能随时随地，应感而出否？全身能与宇宙之力起感应合否？假借之力果能成为事实否？欲与宇宙力起应合，须先与大气发生感觉。感觉之后渐渐呼应，再试气波之松紧与地心争力作用。习时须体合会空气之阻力何似，我即用与阻力相等之量与之应合，于是所用之力，自然无过亦无不及。初试以手行之，逐渐以全体行之。能认识此力，良能渐发，操之有恒，自有不可思议之妙，而各项力量，亦不难入手而得。至于意不使断，灵不使散，浑噩一致，动微处牵全身，上下、左右、前后，不忘不失，非达到舒适得力、奇趣横生之境，不足日得拳之妙也。所试各力之名称甚繁，如蓄力、弹力、惊力、开合力以及重速、定中、缠绵、撑抱、惰性、三角、螺旋、杠杆、轮轴、滑车、斜面等种种力量，亦自然由试而得之。盖全体关节无微不含屈势，同时亦无节不含放纵与开展，所谓遒放互为，固无节不成钝形三角，且无平面积，尤无固定之三角形（不过与机械之名同而法异，盖拳中之力都是精神方面体认而得之，形则微矣）。表面观之形似不动，而三角之螺旋实自轮转不定，错综不已。要知有形则力散，无形则神聚，非自身领略之后，不能知也。盖螺旋力以余之体认观之，非由三角力不得产生。而所有一切力量都是筋肉动荡与精神假想参互而为，皆有密切之连带关系，若分而言之，则又走入方法之门，成为片面耳。所以非口传心授未易有得，更非毫端所能形容，故不必详述。

总之一切力量，都是精神之集结紧密，内外含蓄一致而为用。若单独而论，则成为有形破体机械之拳道，非精神意义之拳也。余据四十余年体会操存之经验，倍感各项力量都由浑元扩大，空洞无我产生而来。然浑元空洞亦都由细微之棱角形成，渐渐体会方能有得。是以吾又感天地间一切学术，无一不感矛盾，同时亦感无一不是圆融，然而须得打破圆融，统一矛盾，始能融会贯通，方可利用其分工合作，否则不易明理。至于用力之法，浑噩之要，绝不在形式之好坏，尤不在姿势之繁简，要在神经支配之大义，和意念之领导，与全体内外之工作如何。动作时在形式方面，不论单出双回，齐出独进，横走竖撞，正斜互争，浑身之节、点、面、线一切法则，无微不有先后、轻重、松紧之别，但须形不外露，力不出尖，亦无断续，更不许有轻重方向之感。不论试力或发力，须保持全体松和，发力含蓄而有听力，以待其触，神宜内敛，骨宜藏棱。要在身外三尺以内，似有一层罗网包护之，而包罗之内，尽如刀叉勾错，并蓄有万弩待发之势，然都在毛发筋肉伸缩拨转，全身内外无微不有滚珠起棱之感。他如虚无假借，种种无穷之力，言之太繁，姑不具论，学者神而明之。

以上各力果身得之后，切莫以为习拳之道已毕，此不过仅得些资本而已，而始有学拳之可能性，若动则即能松紧紧松勿过正，实虚虚实得中平之枢中诀要，则又非久经大敌，实作通家，不易得也。然则须要绝顶天资，过人气度，尤须功力笃纯，方可逐渐不假思索，不须拟意，不期然而然，莫知至而至，本能触觉之活力也。总之，具体极细微之点力，亦须切忌无的放矢之动作，然而又非作到全体无的放矢而不可，否则难能得其妙。

三、试声

试声为补助试力之细微所不及，其效力在运用声之音波鼓荡全体之细胞工作，其原意不在威吓，而闻之者则起卒然惊恐之感。实因其声力并发，与徒作喊声，意在威吓者不同。试声时口内之气不得外吐，乃运用声由内转功夫，初试求有声，渐以有声而变无声。盖人之声各异，惟试声之声，世人皆同。其声如幽谷撞钟之声相似，故老辈云：试声如黄钟大吕之本，非笔墨毫端所能形容。须使学者观其神，度其理，闻其声，揣其意，然后以试其声力之情态，方能有得。

四、自卫

自卫即技击之谓也，须知大动不如小动，小动不如不动，要知不动之动才是生生不已之动。譬如机械之轮或儿童之捻转儿，快到极处，形似不动，如观之已动，则是将不动，无力之表现矣。所谓不动之动速于动，极速之动犹不动，一动一静互根为用。其运用之妙，多在于神经支配，意念领导与呼吸之弹力，枢纽之稳固，路线之转移，重心之变化。以上诸法若能用之得机适当，则技击之基础备矣。亦须在平日养成随时随地一举手一投足，皆含有应机而发之准备。要在虚灵含蓄中，意感无穷，方是贵也。然在学者于打法一道，虽无足深究，亦似有必要经此之过程，如对方呆板紧滞，且时刻表现其重心、路线、部位之所在，则无足论，倘动作迅速，身无定位，而活若猿捷，更不必日各项力之具备者，就以其运动之速，亦非一般所能应付。故平日对于打法亦应加以研究。习时首应锻炼下腹充实，臀部力稳。头、手、肩、肘、胯、膝、足，各有打法。至于提打、钩打、按打、挂打、锯打、�躜打、搓打、拂打、叠打、错打、裹打、践打、截打、堵打、摧打、拨打、滚力打、支力打、滑力打、粘力打、圈步打、行步打、进步打、退步打、顺步打、横步打、整步打、半步打、斜面正打、正面斜打、具体之片面打、局部之整个打、上下卷打、左右领打、内外领打、前后旋打，力断意不断，意断神犹连，动静已发未发之时机和一切暗示打法，虽系局部，若非实地练习，亦不易得，然终是下乘功夫，如聪明智慧者则无须习此。

五、技击桩法

技击桩与基本桩神形稍异，然仍依原则以为本。步如八字形，亦名丁八步，又为半丁半八之弓箭步也。两足重量前三后七，两臂撑抱之力内七外三。何时发力，力始平均，平衡之后，仍须返原，如枪炮之弹簧伸缩不断之意也。两手足应变之距离，长不过尺，短不逾寸，前后左右，互换无穷，操之愈熟，愈感其妙。至于松紧沉实之利用，柔静惊弹之揣摩，路径之远近，间架之配备，发力之虚实，宇宙之力波，以及利用时间之机会，都须逐渐研讨拳学之整个问题也。在平时须假定虎豹当前，蓄势对搏，力争生存之境况，此技击入手之初不二法门，亦为最初之法则。兹再申述神、意、力三者之运用于后。

（一）神意之运用

技击之站桩，要在具体空灵均整，精神饱满，神如雾豹，意若灵犀，具有烈马奔放，神龙嘶噬之势。头顶项竖，顶心暗缩，周身鼓舞，四外牵连，足趾抓地，双膝撑拔，力向上提，足跟微起，有如巨风卷树，思有拔地欲飞，拧摆横摇之势，而具体则有撑裹竖涨，毛发如戟之力。上下枢纽，曲折百绕，垂线自乘，其抽拔之力要与天地相争。肩撑肘横，裹卷回环，拨旋无已，上兜下堕，推抱互为，永不失平衡均整之力，指端斜插，左右勾拧，外翻内裹，有摧动山岳地球之感，筋肉含力，骨节生棱，具体收敛，跃跃思动，含蓄吞吐，运力纵横，两臂开合，拧裹直前，有横滚推错兜卷之力，毛发森立，背竖腰直，小腹常圆，胸部微收，动则有怒虎出林，搜山欲崩之状，全体有灵蛇惊变之态，亦犹似火烧身之急，更有蜇龙震电直飞之神气。尤感筋肉激荡，力如火药手如弹，神机微动雀难飞，颇似有神助之勇焉。故凡遇之物则神意一交，如网天罗，无物能逃，如雷霆之鼓舞鳞甲，霜雪之肃杀草木。且其发动之神速，更无物可以喻之。是以余于此种种神意运动，命名之曰超速运动，言其速度之快，超出一切速度之上也。以上所言多系抽象，而精神方面须切实为之，以免流入虚幻。

（二）力之运用

神意之外，力之运用，更为切要，但系良能之力非片面力也，惟大部分须于试力上求之。习时须先由节段，面积之偏倚，而求力量之均整，继由点力之均整，揣摩虚实之偏倚，复由偏倚之松紧以试发力之适当，更由适当之发力，利用神光离合之旋绕，与波浪弹力之锋棱，再以浑身毛发有出询问路之状，而期实现一触即发之功能。且时时准备技击之攻守，亦时刻运用和大敌之周旋。尤须注意发力所击之要点，万不可无的放矢，见虚不击击实处，要知实处正是虚，虚实转移枢纽处，若非久历永不知，混击蛮打亦有益，须看对方他是谁，正面微转即斜面，斜面迎击正可摧，勤习勿懈力搜求，敬、谨、意、切，静揣思。

技击在性命相搏，一方面言之则为决斗，决斗则无道义。更须要抱定肯、忍、狠、谨、稳、准之六字诀要，且与对方抱有同死决心，若击之不中，自不能击，动则便能致其死，方可击之，其决心如此，自无不胜。此指势均力敌者言之，如对方技能稍逊，不妨让之。若在同道相访，较试身手方面言之，则为较量。较量为友谊研讨性质，与决斗不同，须首重道义，尤须观察对方之能力何似，倘相去远，则须完全让之，使其畏威怀德为切要。较量之前须以礼让当先，言词应和蔼，举动要有礼度，万不可骄横狂躁，有伤和雅。夫而后武德可以渐复，古道可以常存，实我拳道无上光荣，则余有厚望焉。

论拳套与方法

拳之深邃本无穷尽，纵学者颖悟绝世，更具有笃信力行精神，终身习行亦难究其极。而拳套与方法，所谓人造之拳架子是也。由清三百年来，为一般门外之汉，当差表演而用，即拳混子谋生之工具，果欲研拳者，则又何暇而习此，非但毫无用处，且于神经肢体脑力诸多妨碍，戕害具体一切良能，故习此者，鲜有知识。而于应用，尤不适合，且害处极多，笔难写罄。对于拳之使命，卫生原则相距太远，则根本不谈。对于较技，设不用方法拳套，而蛮干混击，或不致败，倘或用之，则必败无疑。至谓五行生克之论，则尤妄甚。在决斗胜负一瞬之

间无暇思考，若以目之所见，一再思察，然后出手以应敌，鲜
有不败者。生克之论，吾恐三尺幼童，亦难尽信，夫谁信之，
可询之于决赛过者，自知吾言非谬也。见《汉书·洪范五行
志》，乃指政治人民，需要开发金、木、水、火、土应用而言，
后经一般不学无识之辈，滥加采用，妄为伪造，致演为世之所
谓五行生克之论，此不过为江湖者流信口云云而已，岂学者亦
可以读此乎？盖拳套一项，大都系人伪造，然招势方法，又何
尝不是人作伪，皆非拳之原则，发挥本能之学也。纵有纯笃之
功夫，信专之坚忍，恒心毅力而为，然亦终归是舍精华而就
糟粕者也。要知拳学根本无法，亦可云无微不法，一有方法，
精神便不能一致，力亦不笃，动作散慢不果速，一切不能统
一，更有背于良能。所谓法者，乃原理原则之法，非枝节片面
之法而为法。习枝节之法，犹之乎庸医然也，所学者都是备妥
药方以待患者，而患者则须按方患病，否则无所施其技矣。凡
以拳套方法而为拳，是不啻以蛇神牛鬼之说乱大道，皆拳道之
罪人也。叹今之学者，纵有精研之志，苦无入径之门，故余不
顾一切，誓必道破。夫拳套方法既属毫无用途而且有害，何传
者习者尚不乏人者，何也？概因此中人大都知识浅薄，故多好
奇喜异，即告之以真，彼亦难悟，悟亦难行。盖习之者，咸以
拳套方法眩人而夸世，而传之者，更以拳套方法能欺人，且尤
藉此以消磨时日而便于谋生，根本不识拳为何物。故相率以误
遗误，永无止境，诚可怜可笑，亦复可气也。噫！岂仅拳之一

道，吾感一切学术大都亦是畸形发展，余实不忍目睹同好走入迷途浩劫而不救，故不惜本我多年体认及实地之经验所得所知反复申论，以正其妄，而期唤醒一切爱好拳道者，勿复执迷不悟也。大凡天地间之高深学术，皆形简意繁，而形式繁杂者，绝少精义，固不仅拳道然也，愿同志三思之。

论拳与器械之关系

古云拳成兵器就，莫专习刀枪。若能获得拳中之真理，与复对各项力之功能与节段面积之屈折，长短斜正之虚实，三段九节之功用，路线高低之方向及接触时间之火候，果能心领神会，则勿论刀枪剑棍种种兵器，稍加指点，俱无不精。即偶遇从未见闻之兵器，且执于使用该兵器专家之手，彼亦不敌，何则？譬如工程师比小炉匠，医博士比护士，根本无比例之可拟。

论点穴

点穴之说，世人都以为奇。有云穴道者，有云时间者，纷论不已，闻之令人生厌而欲呕，所论皆非也。盖双方较技，势均力敌，不必曰固定之穴不易击中，即不论何处，亦击中甚难，如仅以某穴之可点，再加以时间之校对，则早为对方击破矣！总之若无拳中之根本能力，纵使其任意戳点，亦无所施其技，即幸而点中，亦无效果。若已得拳中之真实理力，则不论两肋前胸之某一部位，一被击中，立能致死，非有意之点穴，而所击之处则无不是穴。若仅学某处是穴，某时可点，其道不愈远乎？

天赋与学术之别

世人常云，某甲身高八尺，力逾千斤，其勇不可当。要知身高八尺，力逾千斤，只可谓得天独厚，不得用以代表拳学也。

又云，某一拳击断巨磨扇，单掌劈碎八块砖，及前纵一丈，后跃八尺，果能如此，仅不过愚人局部功夫，则必将走入废人途径。此且不谈，然都不得以拳道而视之。如上所谈，世人都以为特殊奇士，若与通家遇，则毫无能为。至论飞檐走壁，剑侠之说，此皆小说家梦想假造，只可付之一笑。如开石头，过刀枪，乃江湖中所谓吃托之流，此下而又下，不值一道。

解除神秘

每有天资低而学识浅者，其为人忠诚，然已承师教，且有深造独专绝大纯笃之功夫，虽系局部，但多不及，听其言论之玄妙，观其效用之功能，识别浅者，即以为人莫能比，便以神秘视之。殊不知神秘之说根本荒谬，概由知识薄弱，鉴别力浅及体认未清而起。即或偶尔侥幸得到拳中真义，奈无能领略而漠然放过，所以每于理趣较深厚者，辄起一种神秘思想。若夫习之深，见闻广，理有所遇得，自能豁然洞悉，而不疑有他，凡事皆然，岂独拳哉？

知行解释

学术一道，要在知而能行，行亦能知，否则终不免欺人自欺，妄语丛丛，言之多无边际。知行二字名虽简易，实则繁难。世有谓知难行易者，亦有谓知易行难者，更有谓知虽难而行尤不易，与知行合一及事之本无难易者。以上所谈各具有理，然究属笼统且多片面，不能使人彻底明了。余以为凡对一门学问有深刻之功力，已有相当效果，而因知识所限，不能道其所以然者，皆可云知难行易。如识鉴富，功力深，知虽易，而行亦不难。若有识别而无功力，则可谓知易行难。倘无功力，又乏知识，则知行二字两不可能。学术本无止境，其有若干知，或有若干行，行到如何地步，知到怎样程度，方为真知、真行，则余实不敢妄加论定。然应以能知者即能行，能行者亦能知，始可谓知行一致。非由真知，永无真行之一日，亦非由真行，不克有真知之时也。诚以相须而相成为不二真理，学术皆然，武道尤甚。盖因此道中，须时刻兑现，双方相遇，无暇思考，更不容老生常谈。夫学术一道，首要明理，更须切实用功。若不首先明理，不知用功切要之所在，易于走入岐途，功夫愈深，戕害愈烈。不论读书、写字任何艺术，往往在幼时多以为可造，岂知年长功深，名满天下者，反而不堪造就矣。此比比皆是，概因师法不良，用功未悉明理，所谓盲从者是也。若习而不果，则亦永无体认之可言，茫然一生毫无实际，且易起神秘思想，终不得望见门墙，由是而罄其所学，以至终无体认也。哀哉！须知巧者不过习者之门。故曰，子孙虽愚，读书不可免，亦要明理，更要实践，表里内外互相佐之，否则终难入轨。

拳道丧失之原因

习拳之要有三原则，一健身，一自卫，一利群。利群为吾人天职，亦其基本要项。然一切之一切，则须完全由于身心健康中得来，不健康绝无充足之精神，精神不足，永无可歌可泣之壮烈事迹，且不必曰杀身成仁，舍生取义。吾恐见人溺水或自缢，亦将畏缩而不前也，况路见不平，拔刀相助哉？不但此也，凡身之弱者，多气量小而情绪恶，是容物怡情，亦非身体健康不可也。健身为人生之本，习拳为健身之基，一切事业悉利赖之。其关系既如是之大，岂能任其以伪乱真，欺天下万世而不辩乎？按拳道之起初最简，厥而后始趋繁杂。夫拳道为改造生理之工具，发挥良能之要诀，由简入繁，则似可也。由繁而违背生理之原理原则，则不可也。形意拳当初有三拳、且三拳为一动作，所谓践躜裹。若马奔连环一气演为三种力之合一作用也。至五行十二形亦包括在内。盖五行原为五种力之代名词，如十二形乃谓十二种禽兽各有特长，应博采之，非单独有十二形及各种杂类之拳套也。八卦拳亦如是矣，初只有单双换掌，后因识浅者流，未悉此中真义，竟妄为伪造，至演有六十四掌及七十二腿等伪式，非徒无益而犹害之。太极拳流弊尤深，惟其害不烈，于生理方面，尚不十分悖谬，但一切姿态，亦毫不可取。如以该拳谱论，文字较雅，惜精义少而泛泛多，且大都有笼统之病。总之按近代所有拳术根本谈不到养生与技击之当否，亦无一法能合乎生理原则之需要者。余在四十年中足迹大江南北，所遇拳家无数，从未见有一拳式能得其均衡者，况精奥乎？夫拳本形简而意繁，且有终身习行而不能得其要义者，至达于至善之境地，则尤属凤毛麟角，又况于此道根本不是者。此非拳道之原理难明，实因一般人缺乏平易思想与坚强意志。降及今世，门户叠出，招式方法多至不可以名状，询其所以曰博美观以备表演耳。习拳若以悦人为目的，是何如舍习拳而演戏剧乎？且戏剧中尚有不少有本之处，较之一般拳家，诚高一筹也。每闻今之习拳者，常语人曰，能会若干套与若干手，自鸣得意，殊不知识者早经窃笑于旁，更为之叹息不置也矣。然则拳道之丧失，岂非拳套方法为之厉阶哉。三百年来，相习既已成风，积重难返，下焉者流，推波助澜，致演为四象五行之说，九宫八卦之论，以及河洛之学者，凡荒唐玄奇之词尽量采用而附会，使习者不明真象，惑于瞽说而趋之若鹜。拳道之原理焉得不日就澌灭哉？此外尚有学得几套刀枪拳棍，欲假此以谋生，幸尔机遇巧合，其计获售。于是谋生之不遂者，认为有机可乘，争相效法，布满社会，此等行径，不惟拳道之真义背弃无余，而尚义侠骨之风亦相与随之而俱废。然其间或不免有特达之士能窥拳中之奥蕴者，惜又为积习成见所囿，不肯将所得精华迳以示人。岂知汪洋之水何患人掏，何所见之不广，其小之若是也。夫学术本为人类所共有，苟有所得理应公诸社会，焉可以私付密，使之湮没不彰乎？迩来更闻有依傍佛门，说神话鬼，妄言如何修道，如何遇仙，其荒诞不经，又为邪怪乱道之尤甚者，良可慨也。夫今为科学昌明之世界，竟敢作此野狐谬说，传之人口，公诸报端，此种庸愚昏愦之徒，真不知人间尚有羞耻之事矣。佛如有灵，不知对此流传谬种之事作何想欤。世间求名谋生之道不只一端，何必利用社会弱点，自欺欺人。突言及此，不禁为拳道悲而更为世道人心叹也。拳道之凌替固应罪康雍二帝，以其时倡之不以其道也。然亦归咎同仁知识不足，根性不良，以致为其所愚，迄今以误传误，而于此道都莫能识辨。即或间有觉悟者，因守门户之成见而是己非人，遂愈趋而愈下也。拳之一道学之得当，有益身心，更可补助一切事业之不及。学之不当，能使品德、神经、肢体、性情都可失常，且影响生命，因而误及终身。谓余不信，请看过去拳术名家，多因筋肉失和而罹瘫痪下痿者，比比皆是。习拳原为养生，反得戕生，结果殊可悯也。世人多呼拳道为国粹，如此岂非制造废人之工具乎？

民国十五年后，各地设有国术馆，以示其他各术皆不配当之一国字也。然则此丢人丧气毫无价值之国术，亦仅我国可以见。但未悉个中尚有如此高明之奇士，能赐其伟大之命名，余不知其大胆，若辈又作何想也。至论提倡运动一般大人先生，终日振臂高呼为天下倡，岂知凡是运动健将都是提前死亡之领导者。噫！何以盲从之若是矣，惟愿世人静夜慎思，须明辨之。人生最宝贵者，莫过于身，岂能任一般妄人之支配，信意而摧残乎？甚矣！投师学技不可不慎也。余之学拳，只知有是非之分，不知有门户之派别。为使拳学昌明，愿将平生所得所知交代后任，更愿社会群众无不知之。故有来则教，向视人类如骨肉，从不喜有师徒之称，以期逐渐扫除门派之观念，则拳道或可光大乎，是所愿也。

解除师徒制之商榷

师徒之制诚为美德，然往往极美满之事，行之于我国，则流弊丛生丑态百现，而拳界为尤甚焉。故社会多以为不齿。学之者意若不拜师难得其密；教之者亦以不拜师不足表其亲，更不肯授之以要诀，尤而效之，习为固然。噫！诚陋矣哉！姑不论肤浅者流，根本无技之可密，即或有之，则彼密、此密、始密、终密，势至将拳道真义密之于乌何有之乡也矣。甚至门墙之内，亦自有其密而不传者。余实不解其故，此真下而极下者也，拳道之不彰有故矣。夫降至今日，异拳謷说遍天下，作俑阶历，可胜叹哉。盖拳道之真义，可云与人生大道同其凡常，亦可云与天地精微同样深奥。不以其道而习之，终身求之不可得，果以其道而习之，终身习行不能尽。又有何暇密之乎？凡属人类，都应以胞与为怀，饥溺自视，果肯如此而天下定。否则纵全世界人类死光，只余你一家存在，可谓自私之望已极，则又将如之何？吾恐人类之幸福永绝矣。国民积弱，事事多不如人，病亦在于此也。而况学术为千古人类共有之物，根本不应有畛域之分。更不必曰一国之内，同族之中，不当有异视，即于他国别族，亦须旨抱大同，而学术更不当为国界所限也。熙熙然皆生于光天化日之下，有何可密之有，其作风卑鄙，真不值一文也。是以余传授拳学一事，从本来者不拒之旨，凡属同好，有来则教，教必尽力，有问则告，告必尽义。惶惶然惟恐人之不能得，或无以使人得之。故每于传授之际，有听而不悟或悟而不见诸实行者，辄憾然自恨。惟一见其知而能行，行而有得者，则又色然自喜。区区此心，一以慰人为慰，固未尝以师自居也。盖以人之相与，尚精神，重情感，不在形式之称谓。果有真实学术以授人，我虽不以师自居，而获其益者谁不怀德附义而师事之。是师之名亡，而实存也，又何损焉？

若以异拳瞽说以欺世，纵令拜门称弟，而明达者，一旦觉其妄，且将痛恶之不置。此又何师徒关系之有？师名虽存而实亡也，又何取焉！不但此也，师徒之名份一定，而尊卑之观念以起，徒对师说即觉有不当，常恐有犯师之尊严而不敢背，即背之而师为自保尊严计，亦必痛加驳斥而不自反，此尚何学术道义之可言？师徒制之无补拳道可概见矣。又何况门派之争，常以师徒制之流行而益烈，入主出奴，入附出污，纷叹扰攘，由师承而成门户，由门户而成派别，更由派别之分歧，而致学理之庞杂，如此则拳道真义，将永无昌明之一日矣！其患不以更甚乎？且学之有得，始乃有师，如叩头三千，呼师八万，而于学术根本茫然，是究不知其师之所在也。要知学术才是宇宙神圣，公有师尊，此吾所以力主师徒制之解除也。虽然此为余个人之见，而师徒制在拳界积习已久，如一时不能遽除，为慎重计，则亦须俟双方学识品德互有真切认识而后行之，藉免盲从扞格之弊，似较为妥当也。

结论

习拳不尽在年限之远近与功力之深浅和身体及年龄之高下，更不在方法之多寡，动作之快慢，辈分之高低，要在于学术原则原理通与不通故耳。尤须在天赋之精神，有无真实力量，再度其才志之何似，始定其造诣之深浅，将来之成就，至何地境也。习拳最贵明理和精神有力。换言之，即有无兽性之笃力也。果能如是之力笃，再加之以修养，锻成神志清逸之大勇，自不难深入法海，博得道要，至通家而超神化之堂奥也矣。夫所谓通家者不仅精于一门，而于诸般学术，闻其言便知其程度何似，是否正轨，有无实际。观其作法，一望而知其底蕴，或具体，或局部，或具体而微，至用何法补救，自能一语道破，所谓得其环中，以应无穷。夫为教授者能语人以规矩，不能示人巧，更不得为人工，是在学者精心模仿，体会操存，然后观察其功夫与精神动作之巧妙如何耳。以上所谈为拳道，乃拳拳服膺之谓拳，亦即心领神会，体认操存之义，非世之所见一般为之拳也。

总纲

拳本服膺，推名大成，平易近人，理趣丛生。

一法不立，无法不容，拳本无法，有法也空。

存理变质，陶冶性灵，信义仁勇，悉在其中。

力任自然，矫健犹龙，吐纳灵源，体会功能。

不即不离，礼让谦恭，力合宇宙，发挥良能。

持环得枢，机变无形，收视听内，锻炼神经。

动若怒虎，静似蛰龙，神如雾豹，力若犀行。

蓄灵守默，应感无穷。

歌要

古人多以歌诀之法，为教授之具，谨师其意，略加变更，特编歌诀列后，以飨学者。

拳道极微细，勿以小道视，开辟首重武，学术始于此。

当代多失传，荒唐无边际，本拳基服膺，无长不汇集。

切志倡拳学，欲复故元始，铭心究理性，技击乃其次。

要知拳真髓，首由站桩起，意在悬空间，体认学试力。

百骸撑均衡，曲折有面积，仿佛起云端，吸呼静长细。

舒适更悠扬，形象若疯痴，绝缘屏杂念，敛神听微雨。

满身空灵意，不容粘毫羽，有形似流水，无形如大气。

神绵觉如醉，悠然水中宿，静默对天空，虚灵须定意。

洪炉大冶身，陶熔物不计，神机自内变，调息听静嘘。

守静如处女，动似蛰龙起，力松意须紧，毛发势如戟。

筋肉道欲放，支点力滚丝，螺旋力无形，遍体弹簧似。

关节若机轮，揣摩意中力，筋肉似惊蛇，履步风卷席。

纵横起巨波，若鲸游旋势，顶上力空灵，身如绳吊系。

两目神凝敛，听内耳外闭，小腹应常圆，胸间微含蓄。

指端力透电，骨节锋棱起，神活逾猿捷，足踏猫距似。

一触即爆发，炸力无断续，学者莫好奇，平易生天趣。

返婴寻天籁，躯柔似童浴，勿忘勿助长，升堂渐入室。

如或论应敌，拳道微末技，首先力均整，枢纽不偏倚。

动静互为根，精神多暗示，路线踏重心，松紧不滑滞。

旋转谨稳准，钩错互用宜，利钝智或愚，切审对方意。

随曲忽就伸，虚实自转移，蓄力如弓满，着敌似电急。

鹰瞻虎视威，足腕如�泥，鹘落似龙潜，混身尽争力。

蓄意肯忍狠，胆大心更细，劈缠躜裹横，接触揣机时。

习之若恒久，不期自然至，变化形无形，周旋意无意。

叱咤走风云，包罗小天地，若从迹象比，老庄与佛释。

班马古文风，右军钟张字，大李王维画，玄妙颇相似。

造诣何能尔，善养吾浩气，总之尽抽象，精神须切实。

站桩漫谈

王芗斋

　　养生桩是内在锻炼的一种基本功夫，是一种养生之术，同时它的姿势动作都是和人身的生理组织相配合，一方面使高级中枢神经得到充分的休息与调整，一方面使机体得到适宜的锻炼，兼有防病和治病之效（这是经验已经证实了的），因而也可说是一种医疗学术，又可说是养生的艺术。这本小册，原为同学们人手一册，领略较易，不同于问世之文，故不详解。大家都知道口传心授尚不能在很短时日领会到，因此，我绝不敢认为这是完整无缺的。就算对的，也还需要逐渐改进。

　　我幼时多病，医药无效，于是弃读投师，寻求养生之术。既长外游各地，访名师益友，凡有关健身养心的学术和技艺，无不用心钻研，采其精华，舍其糟粕，博采广收，以期于养生一道有所成就。平生师友最多，皆各有所长，在教益和切磋琢磨中，经过数十年的研究体会，并结合《内经·素问篇》的要义和拳学的基本功夫，参互为用，终于获得养生术的梗概。因此术的姿势，行站坐卧皆可用功，但以站桩为主，故名为养生桩（又称为浑元桩）。

　　我年逾七十，身外无他物，仅对养生一道稍有心得，深愿贡献给广大人民，作为健身治病的一种方法。但我国养生之学，没有系统的文字记载，除了片断点滴地散见于古人遗著外，仅凭口传心授流传下来，加之个人天性愚鲁，学识浅薄，用文字来详细而正确地说明养生桩的具体内容是不可能的。因此这段说明文字，不但失于简单，有挂一漏万之处，而且缺点错误也是不可避免的。深望国内同好多加指正，并盼同学们在学习中体会改进。

一、养生桩的来源和变迁

我国养生之术历史悠久，但乏书籍稽考，也无文字记录，偶获片纸，也多残缺不全。根据先辈传述和多方的参考，个人认为，应是古代人类在大自然界同毒蛇猛兽竞争生存时从斗争经验中逐渐积累演变，不知经过多少千年多少万人的研究探讨中得来。

相传二千余年前，即有《内经》一书，为中医宝库，对防病治病之法，记载甚多，其中《素问》一篇，就是专讲养生的。原文是："提挈天地，把握阴阳，呼吸精气，独立守神，肌肉若一。"文虽简单笼统，但意义深厚，先哲把它列入《黄帝内经》，一方面视作防止疾病的养生术，另一方面凡药石刀针不能奏效的多种疾病，就根据这种道理，使患者锻炼休养，作为体育医疗并和《灵枢》相互为佐，其主要内容是"养静"，就是"独立守神"。

东汉以前，很多文人武士都会静养，行站坐卧皆可用功，成为一种普通的健身术。后梁武帝时，达摩行教游汉土（此时达摩年六十七岁，是天竺国王第三子番王之子——见高僧传、东流小传、梁武帝诏文、祭文），传来洗髓易筋等法。唐代有临济、密宗两派，相继传出插条、柔杠、三折、四肢功、八段锦、金刚十二式、罗汉十八法——印度统名之曰柔杠。后又有岔派，派别迭出，不可枚举，居士尤多，标新立异，花样繁多，方法极乱，异论杂出，遂使此术没有发展，反而有分裂情况，早在五百年前，已形成抱残守缺。

宋代之后，多变为禅坐等法，也是门派迭出，互有异同，而且坐法多不够自然，也不够具体，舍精华而取糟粕，不仅达摩师所传湮没已尽，而且我历代先哲遗产也随之俱废。大好学术无形销毁，殊为可惜。

日本相近此术者不少，每在用功之前，首先凝神站立以定神思，并得到各方面的提倡支持，也确有深造独专精特的功夫，但也系支离破碎，只鳞片爪。

我生平对祖国遗产——养生术、拳学，特别爱好（这和幼年多病是有关系的）。从青年时代略识养生门径之后，就一面求师访友，认真学习，一方面博览古籍，细心体会，同时按照师友的指导和《内经·素问篇》所载的道理，朝夕不辍地练习。虽受个人智慧和其他条件的限制，存在着不少缺点，但五十余年的经验证明，它不仅有健身防病之效，而且对很多医药无效的慢性病，确有不可想象的治疗作用。

二、养生桩的意义和作用

养生桩是一种学术，也是一种医疗体育运动。参加这种运动的人，不限年龄性别，不拘身体强弱，亦无任何局限，有病者治病，无病者防病。运动时不尽在姿势方面着想，也不在式之繁简上注意，更不在姿势的前后次序，主要使大脑得到充分休息，使肢体得到适当锻炼，即静中生动，动中求静。

这种运动能调整神经系统的机能，促进血液循环，发挥体内燃烧，且能加强各种系统的新陈代谢作用，因而能调整恢复和加强人体各个器官组织的机能，对保持健康治疗疾病具有显著的特效，五十年来从无一人出流弊，且百分之九十几都有效果。

这种运动能加强人体的吸收和排泄作用，古人云"提炼精华，洗净糟粕"，其意义就在于此。这是自力更生的运动，就是说，它对于人身及其部分机体，具有生生不已的效能，譬如体弱的通过锻炼可使身强，人体某一系统或器官组织有毛病的，通过锻炼可使毛病消除，恢复健康。健康者更健康，且容易体会到无穷的理趣。

这种运动和一般体育运动不同，它是把锻炼和休息统一起来的一种运动。是在锻炼中休息，又在休息中锻炼的运动方法。因此它具有调整中枢神经和末梢神经功能的作用，从而使人体各部分在高级中枢神经支配下密切协作。

三、养生桩应注意的问题

养生桩不仅是健身治病的运动，也是一种锻炼意志的功夫，所以学习养生桩的人必须注意这种锻炼。粗暴浮躁、气愤、忧虑、悔惧、得失之念和侥幸思想等，都是缺乏意志和品质的表现，学者切要禁忌。

对于治病的人来说，凡是学养生桩治病的大半是久病不愈，药石刀针不易奏效者。但须要气不自馁，应该积极地锻炼，认真地治疗，精神要焕发，蓄有弹力，时时作反复斗争的准备，才能战胜病魔，恢复健康。如果悲观失望，生气着急，毫不振作，一曝十寒，时作时辍是不起作用的。医生常说病人的心情要愉快，学习养生桩的人首要心情愉快，虚心体会站桩的意义，耐心地、持久地锻炼，使精神焕发，久而久之，自可功到病除。

练养生桩必须心神安详，摒除杂念，"神不外溢，力不出尖，意不露形，形不破体"。神态要轻松自如，蓄意要深邃雄浑，力量要稳准虚灵。"无动不机，无机不趣，虚灵守默，而应万物"，虽是平易近人的道理，但初学不易理解，主要是以神意为主，不是枝节片爪形式问题。意在整体与内部，不要使局部破坏整体的统一，不要使外部动作影响内部失调，要浑身轻松自如，心旷神怡，好像沐浴在大自然之内似的。要做到这样，在运动前就必须做到心安神定，摒除杂念。

还要注意四容五要。四容是头直、目正、神庄、声静；五要是恭、慎、意、切、和。对人对事都要恭敬谨慎，意思周密切实，任何事不说硬话不做软事。这是学者内心和外貌应具备的练养生条件。从个人意念来说，应具善意，最好是以子女的行为、父母的心肠对人。在练功方面来说，就是"只要神意足，不求形骸似"，这样才是练功应有的要义。

养生桩是因病设式，因人而异的。病症不同，其有关的神经或肌肉系统自然就不相同。患者的生活条件、习惯、修养、性情以及其他各种特点，对于设式也有一定的关系。必须根据这些不同的情况，考虑适当的姿势和运动与休息时间的长短，以及身体负担的轻重等。教者对此自应充分了解情况，做适当的安排；学者应注意掌握、慎重锻炼，不可忽断忽续、任意活动，只有这样才能收效快，并防止在锻炼中发生不正常的现象。

有的人初学时多有怀疑、幻想或任意活动或拘泥执著等现象，须细心体验，待实验充实之后才能解决。主要是师古不泥古，谨守师法未易有得，不要浮聪明，不要笨用功，精神要愉快，肌肉常劳动。离开己身，无物可求，但执著己身，都是错误。力量在身外去求取，意念在无心中来操持。若本着以上所谈，切实用功，细心体会，自不难得到万变无穷、奇趣横生之妙。

四、"独立守神，肌肉若一"的锻炼

关于《内经·素问篇》的"提挈天地""把握阴阳""呼吸精气"，大医师们早已说过。在此，我对于"独立守神、肌肉若一"的修养锻炼稍加补充。

"独立守神"，用功之前，思想先准备一下，应首先着想游
于物初，静会全机之意，视同植物外形不动，内里却有着根生
发展顺逆横生的变化，万不可走入招式断续的方法，那就破坏
无余了。局部运动纵然有益，长久也有害，是慢性的戕生运动。

锻炼时要永远保持意力不断的虚灵挺拔，轻松均整，以达
到舒适得力为原则。

锻炼时要凝神定意，默对长空，内要清虚空洞，外要中正
圆和，同时要脱换一个心目欢喜的状态，洗涤一切杂念，扫除
一切情缘，寂静调息。内外温养，浑身毛孔放大，有如来回过
堂风之感，使肌肉群不期然而然地成了一条空口袋挂在天空，
上有绳吊系，下有木支撑，有如躺在天空地阔的草地上，又像
立在悠悠荡荡的水中，如此肌肉不锻自炼，神经不养而自养，
这是锻炼的基本要义。

怎样才能凝神定意呢？要使意念如洪炉大冶，无物不在陶
熔中，并尽量吸收一切杂念，来则熔之，不久杂念自可消除。
倘若故意拒绝杂念，则一念未去，万念齐来，精神分散，神意
外驰，就不能做到意定神凝。

锻炼时还要有这样的意态，使肌体和大气相呼应，自然而
自在地发挥整体和本能的作用，不可有丝毫的矫揉造作，一有
矫揉造作和局部方法，就破坏了整体和本能的作用。所谓这种
运动是一种人体本能学术，"一法不立，无法不备"的意义就

在于此。

锻炼方法虽简实难，初步锻炼是大动不如小动，小动不如不动，由不动才能体认到四肢百骸的一动而无不动之动。如此神经始易稳定，热力才能保持，自然地增强新陈代谢，有了这个基础，才能逐渐学动，才容易体会不动之动，动犹不动，一动一静，互相为根之动。然后才能体会大气的压迫，松紧力的作用，也就不难控制一切平衡中的不平衡，以及动荡枢纽之动，不动而动，动而不动，同时起着刚柔虚实，松紧错综，表里为用之动（至于假借一切之动，言之太繁，姑不叙谈），全体就自然地发挥了上动下自随，下动上自领，上下动中间攻，中间攻上下合，内外相连，前后左右都相应之动。以上是试验各种力的功能作用。盖力由试而得知，由知而得其所以用。

锻炼是在无力中求有力，在微动中求速动的运动，一用力身心便紧，百骸失灵，并有注血阻塞之弊。这种力量是精神的，是意念的，有形就破体，无形能神聚。

先由不动中去体会，再由微动中求认识，欲动又欲止，欲止又欲动，有动中不得不止，止中不得不动之意。要注意从笨拙里求灵巧，平常中求非常，抽象中求具体。

用功时浑身大小关节都是形曲力直，神松意紧，肌肉含力，骨中藏棱，神犹雾豹，气若腾蛟，而神意之放纵有如巨风卷树，拔地欲飞，其拧摆横摇之力，有撞之不开，冲之不散，湛然寂然，居其所而稳如山岳之势。外形笨拙，意力灵巧，大都平凡，反是非常，不由抽象中求根本，找不到具体，学理自通，自然明了。

肌肉若一是特别重要的一步功夫，这一步功夫表面好像另是一种，其实是和以上所述是有密切联系的，没有这步功夫作基础，任何动作也没有耐劳持久的能力，这虽是肌肉锻炼，但仍是以形为体（本），以意为用，因形取意，意注全身，以精神内敛为主。

这种运动是加强运动也是减低疲劳，减低疲劳正是加强运动，锻炼和休息是一件事。要在调配适当，使患者在不觉中增强了耐劳持久的能力，并尽量减免大脑和心脏的负担，以达到舒适得力为止。

五、调配方法

（一）肢体调配，不外高低、左右、单重、双重，不论头、手、身、肩、肘、足、膝、胯各处，都有单双、松紧、虚实、轻重之别，凡体会得到的精微细小之处，也都如此，要使用骨骼支撑或力量的弥合、肌肉的联系等法。

（二）内脏调配，是神经支配、意念领导，心理影响生理，生理作用心理，互根为用。

（三）时间调配，是以学者性情浮沉、体质强弱为基础，总要不超过负担能力，不使思想上产生烦闷或厌倦。

六、养生站桩歌

养生桩，极容易，深追求，头万绪，用功时，莫着急。应选个适当场地，充足阳光，流通空气，有水有树更相宜。不论行走坐卧和站立，要内外放松，身躯挺拔，腰脊骨垂线成直，浑身大小关节，都含着似曲非直意。守空洞，保清虚，凝神也静气，臂半圆，腋半虚，体会无微不舒适。不思考，不费力，心脏无负担，大脑得休息，想天空虚阔，洗涤情缘和尘俗万虑。虚灵独存，悠扬相依，绵绵如醉也如迷，笑卧如在水中宿，返婴寻天籁，平凡无奇有天趣。师法当遵守，不可太拘泥，这里边包罗着无限深思和甜蜜。动转颇似水中鱼，自在自在真自在，先哲并无其他异。

再谈试验各种力，名称用途各不一。有形和无形，有意和无意。具体、局部、自动、被动及蓄力。有定位，无定位，应用和练习，大都是骨藏棱，筋伸力，沉、托、分、闭、提、顿、吞、吐，筋络鼓荡弹簧似。毛发根根意如戟，一面要含蓄缠绵力旋绕，一面要斩铁截金，冷决脆快，刀剪斧齐。曲折路线存松紧，面积中分虚实，有忽高而忽低，高低随时任转移，精神犹怒虎，气质若灵犀，身动似山飞，力涨如海溢。这种学术并不太稀奇，都是以形取意，抽象中求具体的切实。

七、基本姿势

下面画的几个姿势轮廓[注]，只供初学的参考，略补记忆之不足，不可认为就是用功的依据。

运动的特征，是在运动中体会身体内外的动态变化，如何使浑身大小关节，都成钝形三角，更好是不要平面积，尤不许有执著点，而是轻灵浑然，想浑身血液循环有如水钻沙之意，按之又如水中漂木之力，而全身又像湖水空舟飘摆无定，惟风力是应，听其自然，这种神意的表现是随着个人的风度、性格、天赋、特征以及年岁的老幼、体质的强弱、用功时间的长短、病情种类之不同而不同，当然就不是几个姿势所能表现。

因此，说明这种运动必须根据一切不同的条件，深入体会，逐步加强，随时调配，都是根据具体情况运使变通，使局部跟着全体起作用，经过锻炼大都有效，如果某处有病就治某处，非但无效，且恐有损失，如果忽视这一点，那么精神、力量一切就不够了。

按：调配的方法，一有形、一无形。有形的是姿势、骨骼、肌肉，无形的可就无穷了——精神、意念、假想、力量，不是几个姿势所能涵盖的。但姿势确为神意的代表，按照轮廓来说明神意，所以姿势也是需要的，不过要把这种运动完整地用图表现出来，目前因客观条件和能力的限制，还不能做到。

（一）站式

1. 休息式：两脚略成八字形分开，宽度与肩齐，两脚着地，脚趾微微抓地，全身重量放在脚掌上，两膝微曲，前不过脚尖，臀部似坐似靠，上身保持正直，两手反背贴腰，臂半圆，腋半虚，身躯挺拔、正直。

2．扶按式：两臂稍抬起，手指微曲并自然分开，指向斜前方，掌心向下，如按水中浮木或浮球，其他同休息式。

3．托抱式：两手近不贴身，远不过尺，手指相对，手心向上，相隔约三拳左右，位于脐下，如托抱一大气球，其他同休息式。

4．撑抱式：两手抬至胸前，距胸约一尺，手指自然分开微曲，两手相隔约三拳左右，手心向内如抱物状（为抱式），或手心向外如撑手状（为撑式），其他同休息式。

（二）坐式

1．端坐椅上，上身正直，两膝弯成约90度，两脚掌着地，相距约与肩齐，两手放于腿根部，手指自然分开并微曲，指向斜前方，臂半圆，腋半虚。

2．两脚前伸，膝微曲，足尖回勾，足根着地，双手如抱物状（见站中之撑抱式）。

（三）半伏式

一般对消化系统病有较好疗效，双手扶按在桌、椅背上等，或两肘搭伏在桌面上亦可，两腿分开如站式，臀部后倚如坐凳，腹部放松。

（四）卧式

身体仰卧，两腿微微分开，两足跟着床，两膝稍弯曲，肘部着床，两手放于腿窝或小腹部位，也可抬至胸前作抱物状。

以上几种姿势，其头部可正直，有上顶感，也可向后仰或左右稍偏。两目可闭，亦可半闭，也可睁开看远方一点，或漫无目标地看远方，全身要放松。意念活动极为重要，请阅正文。

八、练习站桩的体会和常见的现象

随着各人身体强弱和病情不同，在练习过程中的体会感觉及表现各不同。一般的情况是：练习十日左右就能体会到站桩的好处，感到练功之后轻松愉快，而且这种感觉是随着练功的进程逐日增长的。有的练习几天之后，就发生肌肉震颤、疼、酸、麻、胀等现象，多半是肌肉运动障碍、气血欠通或疲劳过度，或生理上有其他缺点所致。只要防止疲劳过度，注意舒适得力，力求放松，避免紧僵，渐渐地就会气血畅通，肌肉灵活，使以上现象逐渐消除。至于不觉疲劳的有规律地颤动，是经络和气血闭塞已经消除的好现象，只要顺其自然，不可故意地抑制，也不要有意识地扩大。另外还有流眼泪、打哈欠、饱嗝、虚恭、腹鸣、蚁走等现象，都是练功过程中的好现象，病愈之后自可消失。

九、站桩对各种疾病的疗效

站桩有调节神经机能，调整呼吸，增强血液循环和新陈代谢的作用，因而对神经系统、呼吸系统、循环系统、消化系统、肌肉系统以及新陈代谢各个方面的病症，特别是急性转为慢性的病症，都有良好的疗效。

经过四五十年的经验，其效果虽因人因病而异，有大小快慢之别，但除去随学随止外，没有疗效是很少的，而且有很多人病愈之后继续锻炼，大多收到转弱为强，老而益壮之效。

由于缺乏文字记录，对于过去的经验不但未能总结，就是学者的人数姓名也无法统计，现在为了供大家参考，只好将最近一二年来对于站桩治疗各种病的一点体会，分类略述于下。

高血压——神经性的收效较快，官能发生变化的如血管硬化或冠状动脉硬化收效较慢。

神经衰弱——一般的头晕脑胀、头痛等症状较易治疗，收效的快慢主要在于能否稳定神经，已经引起消化不良或便秘者收效较慢。

关节炎——一般的风湿性和多发性关节炎都易于治疗，属于后遗病或先天性的关节炎比较难治。

气管炎——气管炎的种类很多，大多有肺气肿和心脏喘的症候，得病不久者，收效较快，先天性的不易治疗，但和年龄、体质、性情及生活条件有密切关系，只要耐心持久地练功，饮食起居多加注意，也是可以治愈或减轻的。

肝脏病——肝肿和肝硬化只要耐心地适当地练功，再注意饮食和环境方面的保养，可以逐渐减轻以至治愈。

胆囊炎——经历过的胆囊炎患者，大多已作过胆切除的手术，有的已经转为肝脾病或神经衰弱病，根据过去的几个患者来看，在练功过程中病状是逐步减轻的，痊愈的前后效果都很好，将来能否把握，尚难预测。

肺病——只要按照步骤适当地耐心练功，再加注意饮食保养，一般都可治愈。

半身不遂——要耐心练功，持之以恒，一般是可以治好或减轻的，但此病最易复发，必须一面练功，一面避免生气、着凉、劳累方可，如舌头手脚都坏，就不能治疗。

胃肠病——疗效良好，但比较迟缓，病情较轻者三四个月可好，病情较重者八九个月，三五年不等。

精神分裂病、筋肉失和等症——比较容易治疗。

心脏病——经过的患者，大都效果良好，但这种病主要是在个人性情和生活环境，如性情和生活条件不好，就见效不显著。

〔注〕此处原稿缺图，为免误导读者，今照录不改。

跋

跟随芗老学了三年站桩，没能学"用点儿"，更没有实战经验。因此，我非习拳之人，充其量只是一个业余的站桩爱好者。

《拳道中枢》："健身为人生之本，习拳为健身之基，一切事业悉利赖之。"

我很幸运能跟芗老学习站桩。仅以所习而言，我在"祛病、健身、养生"上得到了很大利益，至今大脑没"进水"，小脑也没萎缩，遇事不迷，身心还算健康，年过八旬，些许老年病，不妨碍吃、喝、拉、撒、睡，还能将所学传予后学，为宣传芗老的拳学尽绵薄之力，我已知足矣。在有生之年能做一些力所能及的、有益于人民的工作，从而快乐、自在地度过一生，岂不快哉。

"习拳原为养生。"绝大多数学习站桩的人士，是为了有一个健康的身心，专心致志地投身自己的工作与事业，为人类作出自己的贡献；只有极少数的人士投身到习拳中，为发扬光大中华拳学贡献一生。

并非每个人都是为了当拳术家或拳学家才学习站桩的。

我有一种不知道是否正确的看法：在当今社会，很难出现像芗老一样的拳学巨匠，甚至出现像姚宗勋师伯、杨德茂师伯那样的大师级人物也很难。原因也简单：条件不允许，实战经验不足。

我不知道第三代传人中有谁能够达到芗老、姚师伯"无论坐卧，一触跌人丈外"或"以目视人，其人自失知觉"的化境功夫。

"古人功夫好，今人理论高"已成通病。

我们只是继承者。能把技艺完整地保留、传承下去就很好了。

中华拳学，不单纯是"打"的学问，而是蕴含着中华优秀传统文化精髓的大学问，是"终身习行不能尽"的大学问。

很多人都在引用《黄帝内经》"上古有真人者，提挈天地，把握阴阳，呼吸精气，独立守神，肌肉若一，故能寿敝天地，无有终时，此其道生"这段论述，可是如何修炼才能达到"寿敝天地，无有终时"？没有人阐述。这是何等的遗憾！

1979年，姚师伯和我父亲就提出："希望师兄弟们把跟随芗老学习的经历如实写出来，作为资料留给后人。"姚师伯说："大家要凑成一个较完整的老头儿拳学。"白金甲师兄对我说："姚先生临终前说，'希望你们几个凑成一个我。'"

芗老生前就曾说过："我的学生都得到了我的一体，独宗勋得到了具体而微。"

姚师伯对我说："我也就得到你师爷爷的十分之三……在你师爷爷眼里，我都紧。"

芗老走得不是时候，带走了不少"东西"；姚师伯走得太匆忙、太快，很多"东西"没能传下来。这些都太遗憾了。

现在这个拳面临的问题不是发展、创新，而是要在继承、挖掘、整理并融会贯通的基础上，"有所发现，有所发明，有所创造，有所前进"。

因此，我衷心希望各位武林前辈、同道们能把自己从师的经历、练习的方法、学习的心得如实地写出来，作为资料留给后人，供大家参考、借鉴，共同凑成一个完整的中华拳学。

人文武术精品书系

北京科学技术出版社

武学名家典籍丛书

杨澄甫武学辑注 《太极拳使用法》《太极拳体用全书》	杨澄甫 著 邵奇青 校注
孙禄堂武学集注 《形意拳学》《八卦拳学》《太极拳学》 《八卦剑学》《拳意述真》	孙禄堂 著 孙婉容 校注
陈微明武学辑注 《太极拳术》《太极剑》《太极答问》	陈微明 著 二水居士 校注
薛颠武学辑注 《形意拳术讲义上编》《形意拳术讲义下编》 《象形拳法真诠》《灵空禅师点穴秘诀》	薛 颠 著 王银辉 校注
陈氏太极拳图说（简体大字版）	陈 鑫 著 陈东山 点校
陈鑫陈氏太极拳图说（配光盘）	陈 鑫 著 陈东山 陈晓龙 陈向武 校注
李存义武学辑注 《岳氏意拳五行精义》 《岳氏意拳十二形精义》《三十六剑谱》	李存义 著 阎伯群 李洪钟 校注
董英杰太极拳释义	董英杰 著 杨志英 校注
刘殿琛形意拳术抉微	刘殿琛 著 王银辉 校注
李剑秋形意拳术	李剑秋 著 王银辉 校注
许禹生武学辑注 《太极拳势图解》 《陈氏太极拳第五路·少林十二式》	许禹生 著 唐才良 校注
张占魁形意武术教科书	张占魁 著 王银辉 吴占良 校注
王茂斋太极功	季培刚 辑校
太极拳正宗	杜元化 著 王海洲 点校
太极拳图谱（光绪戊申陈鑫抄本）	陈 鑫 著 王海洲 藏
陈金鳌传陈式太极拳暨手抄陈鑫老谱	陈金鳌 编著 陈凤英 收藏 吴颖锋 薛奇英 点校
黄元秀武学辑录 《太极要义》《武当剑法大要》 《武术丛谈续编》	黄元秀 编著 崔虎刚 点校

国术档案系列

| 太极往事 | 季培刚 著 |

功夫探索丛书

内家拳的正确打开方式	刘 杨 著
内家醍醐	刘 杨 著
借力——太极拳劲力图解	戴君强 著
武学内劲入门实操指导	刘永文 著
武术的科学：实战取胜的秘密	〔日〕吉福康郎 著 宋卓时 译
格斗技的科学：以弱胜强的秘密	〔日〕吉福康郎 著 宋卓时 译
借势：武术之秘	沈 诚 著
太极拳肌肉解剖图解	〔西〕伊莎贝尔·罗梅罗·阿尔比奥尔等 著 刘旭彩 胡志华 译
内家拳几何学：三维空间里的劲与意	庞 超 著
太极拳新解	〔美〕罗伯特·查克罗（Robert Chuckrow）著 解乒乒 丁保玉 译

格斗大师系列

伊米大师以色列格斗术	〔以〕伊米·利希滕费尔德，伊亚·雅尼洛夫 著 汤方勇 译
拳王格斗：爆炸式重拳与侵略性防守	〔美〕杰克·邓普西 著 史旭光 译
至柔之道：费登奎斯身心学之基石	〔以〕摩谢·费登奎斯 著 龚茂富 译

格斗技图解系列

泰拳入门技术图解	〔德〕克里斯托夫·德尔普 著 滕达 译
巴西柔术技术图解	〔巴西〕亚历山大·派瓦 著 薄达 译
健身拳击训练指南	〔加拿大〕安迪·杜马斯，杰米·杜马斯 著 赵彧 孙智典 译
武术格斗解剖学图谱	〔美〕诺曼·林克，莉莉·周 著 常一川 译
马伽术高级战训教本	〔美〕大卫·卡恩 著 汤方勇 译

民间武学藏本丛书

守洞尘技	崔虎刚　校注
通背拳	崔虎刚　校注
心一拳术	李泰慧　著　崔虎刚　校注
少林论郭氏八翻拳	崔虎刚　校注
拳谱志三	崔虎刚　点校
少林秘诀	崔虎刚　校注
拳法总论	崔虎刚　点校
少林拳法总论	崔虎刚　点校
母子拳	崔虎刚　点校
绘像罗汉短打	升霄道人　编著　崔虎刚　点校
六合拳谱	崔虎刚　点校
单打粗论	崔虎刚　点校

拳道薪传丛书

三爷刘晚苍——刘晚苍武功传习录	刘源正　季培刚　编著
乐传太极与行功	乐匋　原著　钟海明　马若愚　编著
慰苍先生金仁霖太极传心录	金仁霖　著
中道皇皇——梅墨生太极拳理念与心法	梅墨生　著
杨振基传太极拳内功心法	胡贯涛　著
卢式心意拳传习录	余江　编著
习练太极拳之见闻与体悟	陈惠良　著
廉让堂太极拳传谱精解	李志红等　编著
武当叶氏太极拳	叶绍东　何基洪　蔡光复　著
无极桩阐微	蔡光复　蔡昀　著
功夫上手——传统内功太极拳拳学笔记	陈耀庭　著　霍用灵　整理
会练会养得真功	邵义会　著
八极心法——传统八极拳，现代研修法	徐纪　著
犹忆武林人未远 ——民国武林忆旧及安慰武学遗录	安慰　著　阎子龙　田永涛　整理
推手践习录	王子鹏　著
刘纬祥形意拳雏释	马清藻　著　马道远　马彦彦　整理
大道太极：太极拳道修诀要	黄震寰　著
我跟芗老学站桩——六十年站桩养生之体悟	程岩　著